al-Murshid

al-Murshid

A GUIDE TO MODERN STANDARD ARABIC GRAMMAR FOR THE INTERMEDIATE LEVEL

Laila Al-Sawi
Iman Saad

The American University in Cairo Press
Cairo   New York

First published in 2012 by
The American University in Cairo Press
113 Sharia Kasr el Aini, Cairo, Egypt
420 Fifth Avenue, New York, NY 10018
www.aucpress.com

Dar el Kutub No. 11530/11
ISBN 978 977 416 539 9

Dar el Kutub Cataloging-in-Publication Data

Al-Sawi, Laila
        Al-Murshid: A Guide to Modern Arabic Standard Grammar for the Intermediate Level/
    Laila Al-Sawi and Iman Saad.—Cairo: The American University in Cairo Press, 2012
        P. ;   cm.
        ISBN 978 977 416 539 9
        1. Arabic language—Grammar   I. Title
        415

1 2 3 4 5   16 15 14 13 12

Printed in Egypt

المحتويات

الشكر والتقدير

نود أن نتوجه بالشكر والتقدير إلى كل من ساهم معنا وساعدنا في إخراج الكتاب والقرص المدمج المصاحب له. ونخص بالذكر الأستاذة نوران الوتيدي لقيامها بعمل الرسوم الفنية التوضيحية. كما نتوجه بالشكر والتقدير للأستاذ أيمن مصطفى بوحدة تكنولوجيا المعلومات بمعهد اللغة العربية بالجامعة الأمريكية بالقاهرة لقيامه بعمل الإخراج الفني للقرص المدمج، وكذلك للأستاذ محمد علي بنفس الوحدة لمشورته الفنية التي ساعدتنا على تحسين الشكل النهائي للقرص المدمج. وأخيرا نتوجه بالشكر للأستاذة إيمان متولي صاحبة فكرة تقديم القواعد من خلال عروض الباور بوينت.

INTRODUCTION

There has been considerable controversy about the importance of teaching foreign-language grammar. In the early twenties, the grammar-translation method was dominant, while other aspects of a foreign language were not considered as important. It was believed that a knowledge of grammar would enable a learner to easily and correctly communicate in the target language. However, with the rise of the communicative approach in the early seventies, this approach was strongly challenged. The communicative aspects became the focus of language instruction, while grammar instruction was partially, or sometimes completely, eclipsed.

In recent years, the teaching of grammar as part of foreign-language instruction has begun to regain its importance. Accordingly, the question now is not "Should grammar be taught?" as much as it is "What is the most effective way to teach grammar?"

Grammar is not a skill in and of itself: it is a supplement to, or even the backbone of, each of the four major skills of language aptitude— reading, writing, listening, and speaking. Grammar, together with other elements of the language, is the tool that enables learners to comprehend and produce a language effectively. However, grammar should not be taught as a set of rigid rules in isolation from the language; rather it should be associated with meaning and function.

Al-Murshid: A Guide to Modern Standard Arabic Grammar for the Intermediate Level is intended to be a reference for Arabic grammar in general, or a supplement to any basic Modern Standard Arabic course. Each lesson begins with a brief explanation in English of a grammar rule, in addition to examples of this rule being applied in context. This is followed by various types of drills that begin with controlled, mechanical drills, and end with writing activities that are based on the rules introduced in the lessons. The book is also accompanied by a CD that includes animated presentations illustrating the grammar rules explained in the lessons, and interactive drills.

الفصل الأول
الجملة

الجملة – الجملة الاسمية ١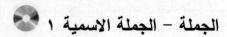

Arabic has two types of sentences: الجملة الاسمية, which starts with a noun, and الجملة الفعلية, which starts with a verb. The subject of الجملة الاسمية is called المبتدأ and the predicate الخبر. المبتدأ has to be a definite noun.

> الجملة الاسمية ١ = مُبْتَدأ (معرفة) + خَبَر
>
> الجملة الاسمية ١ = subject (definite) + predicate

الخبر can be one of the following:

a. a noun (مُفْرَد), e.g.:

- ليلى مدرسة. ■
- الكتاب كبير. ■
- أنا طالب. ■

- هذه ساعة. ■
- اسم المدرسة ليلى. ■

b. a prepositional phrase or an adverbial phrase (شِبه جُملة), e.g.:

- بيتي في آخر الشارع. ■
- هو من اليابان. ■

- السيارة أمام البيت. ■
- الكتاب تحت الكرسي. ■

c. a verb (جملة فعلية), e.g.:

- أنا درستُ اللغة العربية. ■
- هو يحب كرة القدم. ■

Complete to form sentences:　　١) أكملوا الجمل:

١.　أنا _____.　　٦.　_____ هناك.

٢.　_____ أمام الجامعة.　　٧.　وزير الخارجية _____.

٣. أخي ______________.   ٨. ______________ من مصر.

٤. الجريدة ______________.   ٩. مطعم الكباب ______________.

٥. ______________ مصرية.   ١٠. مطار القاهرة ______________.

٢) استعملوا في جمل اسمية:

Use in nominal sentences:

١. مُدرسة الفصل.   ٦. مطار القاهرة.

٢. يزور مصر اليوم.   ٧. في الفصل.

٣. في مدينة القاهرة.   ٨. الموسيقى.

٤. صديقي.   ٩. يدرس كثيراً.

٥. أوتوبيس الجامعة.   ١٠. القهوة.

٣) حوِّلوا من المذكر إلى المؤنث والعكس:

Change from masculine to feminine or vice versa

١. وزير الخارجية في التليفزيون.   ٦. سيارة المُدرسة أمام البيت.

٢. مُدرسة اللغة العربية سورية.   ٧. هي طالبة أمريكية.

٣. مكتب المديرة كبير.   ٨. هو أمريكي.

٤. مدير البنك مشغول.   ٩. هو طالب في الجامعة.

٥. هو ينام في الساعة العاشرة.   ١٠. هي طبيبة معروفة.

٤) اكتبوا فقرة عن أسرتكم من ٥ جمل اسمية على الأقل:

Write a paragraph about your family consisting of at least 5 جملة
اسمية:

أسرتي:

_____

_____

_____

_____

_____

Complete the following paragraph: ٥) أكملوا الفقرة التالية:

شقتي _____ فيها _____ .

غرفة النوم _____ وفيها _____

السرير _____ أما مكتبي فهو _____

التليفزيون _____ . المطبخ _____

أما الحمام فهو _____ .

٦) أكملوا الفقرة التالية لتصفوا الصورة:

Describe the picture by completing the following paragraph:

اسمي عادل. أنا ________ في ______________ في جامعة القاهرة.

عمري ________ وأنا طالب في السنة الأولى. جامعتي _____________

وفيها ______________. أمام الجامعة ________________ وفي

هذا الشارع ________________.

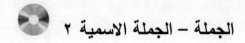

الجملة – الجملة الاسمية ٢

Since الجملة الاسمية may not begin with an indefinite noun, if المبتدأ is indefinite, it **must** be delayed and preceded by الخبر, which, in this case, would be a prepositional or an adverbial phrase (شِبة جملة).

الجملة الاسمية ٢ = خَبَر مُقَدَّم + مُبْتَدأ مُؤَخَّر
الجملة الاسمية ٢ = (fronted predicate) + (delayed subject)

Examples:

رقم	**جملة اسمية ١ = مبتدأ + خبر**	**جملة اسمية ٢ = خبر مقدم + مبتدأ مؤخر**
١	**الكتاب** على المكتب.	على المكتب **كتاب**.
٢	**القطة** تحت الكرسي.	تحت الكرسي **قطة**.
٣	**السيارة** أمام البيت.	أمام البيت **سيارة**.
٤	**الطالب** مع المديرة.	مع المديرة **طالب**.
٥	**جواز السفر** على المكتب.	على المكتب **جواز سفر**.

١) أكملوا كما في المثال: **Complete as in the example:**

مثال: الطلاب في الفصل. ← في الفصل طلاب.

١. السرير في الحجرة.
٢. المدرسة في المكتب.
٣. الكتاب على المكتب.
٦. الكرسي في الفصل.
٧. السيارة أمام البيت.
٨. جواز السفر على المكتب.

٤. نظارة الشمس تحت الكرسي. ٩. النقود على الطاولة.

٥. القاموس في بيتي. ١٠. الكتاب تحت السرير.

٢) أكملوا كما في المثال باستعمال في/تَحْتَ/فَوقَ/عَلَى/مَعَ/أمامَ/وراءَ:
Complete as in the example using prepositions, and/or adverbs:

المثال: هاتف ← **الهاتف** في الحجرة. ← في الحجرة **هاتف.**

١. قطة
٤. نقود
٢. ساندوتش دجاج
٥. تليفزيون
٣. جواز سفر

٣) اختاروا الإجابة الصحيحة: **Choose the correct answer:**

١. في الفصل ________ (طلاب/الطلاب) و ________ (مدرسة/المدرسة).

٢. ________ (الأطفال/أطفال) يجلسون أمام التليفزيون.

٣. معي الآن ________ (الكتاب/كتاب) و ________ (القاموس/قاموس).

٤. هناك ________ (دولاب / الدولاب) و ________ (السرير/سرير) و ________ (الطاولة/طاولة) في الحجرة.

٥. ________ (القطة/قطة) على السرير، و________ (الكلب/كلب) على الأرض.

٦. أمام الجامعة ________ (المطاعم الكثيرة/مطاعم كثيرة).

٧. على الحائط ________ (الصورة الجميلة/صورة جميلة).

٨. ________ (الجامعة الأمريكية/جامعة أمريكية) في مدينة القاهرة.

Complete to form sentences: ٤) أكملوا لتكوين جمل:

١. في الفصل _____ و _____ .

٢. عندي _____ و _____ .

٣. في شقتي/حجرتي _____ و _____ .

٤. أمام بيتي _____ و _____ .

٥. في كافيتريا الجامعة _____ و _____ .

٥) صفوا الصورة باستعمال جمل اسمية:

Describe the picture using nominal sentences:

عادل يصف غرفته: هذه غرفتي وهي ليست مُرَتَّبة. على الأرض ...

_____

_____

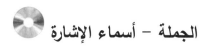

الجملة – أسماء الإشارة

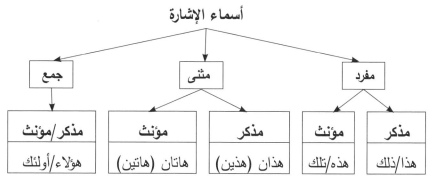

A demonstrative + an <u>indefinite</u> noun = a <u>complete</u> sentence, e.g.

This is a book.

هذا كتاب.

A demonstrative + a <u>definite</u> noun = a phrase, e.g.

This book …

هذا الكتاب ...

A demonstrative + a pronoun + a definite noun = a complete sentence, e.g.

This is the book.

هذا **هو** الكتاب.

★ An إضافة + a demonstrative referring to the <u>first</u> term of إضافة:

This book of the teacher…

كتاب المدرّسة هذا ...

First term of إضافة + demonstrative referring to the second term of إضافة
+ second term of إضافة:

The book of this teacher...
This teacher's book…

كتاب هذه المدرّسة ...

Choose the correct answer:

١) اختاروا الإجابة الصحيحة:

1. This is an excellent idea.

أ. هذه فكرة ممتازة.

ب. هذه الفكرة ممتازة.

ج. هذه هي الفكرة الممتازة.

2. This idea is excellent.

أ. هذه فكرة ممتازة.

ب. هذه الفكرة ممتازة.

ج. هذه هي الفكرة الممتازة.

3. This is the new student.

أ. هذا هو الطالب الجديد.

ب. هذا الطالب جديد.

ج. هذا طالب جديد.

4. This is a new student.

أ. هذا هو الطالب الجديد.

ب. هذا الطالب جديد.

ج. هذا طالب جديد.

5. This student is new.

أ. هذا هو الطالب الجديد.

ب. هذا الطالب جديد.

ج. هذا طالب جديد.

7. This door of the house is broken.

أ. هذا الباب مكسور.

ب. باب البيت هذا مكسور.

ج. باب هذا البيت مكسور.

8. That is the German student.

أ. هذه الطالبة ألمانية.

ب. هذه هي الطالبة الألمانية.

ج. هذه طالبة ألمانية.

9. These are two American students.

أ. هذان الطالبان أمريكيان.

ب. هذان هما الطالبان الأمريكيان.

ج. هذان طالبان أمريكيان.

10. This car of the company is very old.

أ. سيارة هذه الشركة قديمة جدًا.

ب. هذه هي سيارة الشركة القديمة جدًا.

ج. سيارة الشركة هذه قديمة جدًا.

11. This is a big house.

أ. هذا بيت كبير.

ب. هذا البيت كبير.

ج. هذا هو البيت الكبير.

6. This car is big.	12. These are the new students.
أ. هذه سيارة كبيرة.	أ. هؤلاء طالبات جديدات.
ب. هذه هي السيارة الكبيرة.	ب. هؤلاء الطالبات جديدات.
ج. هذه السيارة كبيرة.	ج. هؤلاء هن الطالبات الجديدات.

٢) ترجموا إلى اللغة العربية:

Translate into Arabic:

1. This is a new book.
2. I read these books.
3. This is an American student.
4. This is the Russian president.
5. This is the Arabic language book.
6. This student's car is new.
7. I live in that small house.
8. Did you see this new film?
9. This is the new company director.
10. This book of the student is new.
11. This food is delicious.
12. We ate in this restaurant yesterday.
13. My friend works in this office.
14. This is our friend's son.
15. This son of his is very smart.

٣) اختاروا الإجابة الصحيحة: **Choose the correct answer:**

١. نريد أن نشاهد هذا (فيلم/الفيلم).

٢. هؤلاء (طلاب/الطلاب) الجدد يدرسون اللغة العربية.

٣. هذا (فصل/الفصل) القواعد.

٤. هذه هي (سيارة/السيارة) الجديدة.

٥. لا أفهم هذا (سؤال/السؤال).

٦. ما معنى هذه (كلمة/الكلمة)؟

٧. هذا (مدرس/المدرس).

٨. متى تقرأ هذا (كتاب/الكتاب)؟

٤) أكملوا باسم الإشارة المناسب:

Complete using the appropriate demonstrative:

_____ غرفتي و _____ مكتبي و _____ سريري و _____
الكرسي الجديد. اشتريت _____ (كرسي/الكرسي) من محل كبير أمام بيتي.
_____ (كرسي/الكرسي) مهم جدًا لأني أجلس عليه ساعات طويلة لأدرس.
مكتبي _____ كبير جدا لذلك أضع عليه كل أوراقي وكتبي. سريري _____
مريح جدًا لذلك أنام كثيرًا.

٥) ترجموا الفقرة السابقة إلى اللغة الإنجليزية.

Translate the previous paragraph into English.

_____

_____

_____

_____

٦) صفوا الصورة باستعمال جمل اسمية وأسماء الإشارة:

6) Describe the picture using جملة اسمية and أسماء الإشارة:

أسرتي:

عادل يصف أسرته: هذا ...

_____

_____

_____

_____

الجملة – الجملة الفعلية

الجملة الفعلية is a sentence that starts with a verb. Its main components are **الفعل** (the verb) and **الفاعل** (literally, the doer of the verb, i.e. subject of the sentence). If the verb is transitive the sentence will have a **مفعول به** (object of the verb).

> الجملة الفعلية = فِعل + فاعل (+ مفعول به)

Following are examples of الجملة الفعلية:

١. يدرس الطلابُ اللغةَ العربيةَ.

٢. خرجتُ أمس مع أصدقائي.

٣. شاهدنا أفلامًا جديدة في الشهر الماضي.

٤. يكتب أحمد رسالةً إلى صديقه في السعودية.

٥. وصل الرئيسُ إلى القاهرة أمس عائدًا من السودان.

The following chart analyzes the above examples to show their components:

	الفعل	الفاعل	المفعول به
١	يدرس	الطلاب	اللغة العربية
٢	خرج	(أنا)	---
٣	شاهد	(نحن)	أفلامًا
٤	يكتب	أحمد	رسالةً
٥	وصل	الرئيس	---

★ In examples 2 and 3, **الفاعل** is contained in the form of the verb خرجتُ and شاهدنا.

١) استخرجوا الفعل والفاعل والمفعول به في الجمل التالية:

1) Find out الفعل، الفاعل، والمفعول به in the following sentences:

١. يعقد الرئيس مؤتمرًا صحفيًا صباح اليوم.

٢. رجعنا من الحفلة متأخرين.

٣. قرأنا المقالة وفهمناها.

٤. شربتُ ثلاثة أكواب من القهوة هذا الصباح.

٥. اشترى الطلاب قاموس "هانز فير" من المكتبة.

٦. هل تناولتم العشاء في المطعم الجديد؟

٧. يحب الطلاب الطعام الهندي.

٨. يجلس الطلاب في الحديقة بعد انتهاء الفصول.

٢) أكملوا الجمل التالية: 2) Complete the following sentences:

١. تخرّج ـــ.

٢. ـــــــــــــــــــــــــــــــ الطلاب الأستاذة عن معاني الكلمات الجديدة.

٣. ـــ الأستاذة معاني الكلمات الجديدة.

٤. لعب ـــ.

٥. سمع ـــ.

٦. ـــ برنامجًا لطيفًا في التليفزيون.

٧. اشترى ـــ.

٨. خرج ـــ.

٩. نام ـــ.

١٠. ـــــــــــــــــــــــــــــــ حفلاً كبيرًا بمناسبة عيد ميلاد زوجته.

الجملة – الجملة الاسمية والجملة الفعلية

In الجملة الفعلية, the verb agrees with its subject only in gender but must always be singular. If, however, the verb follows its subject (i.e., is خبر in a جملة اسمية), the verb must agree with the subject in gender **and** number. The following table illustrates the rule:

رقم	الجمل الاسمية	الجمل الفعلية
١	المدرس شرح الدرس.	شرح المدرس الدرس.
٢	المدرسة شرحت الدرس.	شرحت المدرسة الدرس.
٣	المدرسان شرحا الدرس.	شرح المدرسان الدرس.
٤	المدرستان شرحتا الدرس.	شرحت المدرستان الدرس.
٥	المدرسون شرحوا الدرس.	شرح المدرسون الدرس.
٦	المدرسات شرحن الدرس.	شرحت المدرسات الدرس.

١) حددوا نوع كل جملة ثم حولوها من اسمية إلى فعلية والعكس:

1) Determine the type of each sentence and change it from nominal to verbal and vice versa:

المثال: **ذهبت** المدرسةُ إلى الفصل. (جملة فعلية)

المدرسةُ **ذهبت** إلى الفصل.

المدرسون **جلسوا** في المكتب. (جملة اسمية)

جلس المدرسون في المكتب.

١. استقبل الرئيس الوزراء اليوم.   ٢. درس هؤلاء الطلاب اللغة العربية.

٣. سافر السائحون إلى أسوان بالطائرة.   ٤. المدرستان كتبتا الامتحان.

٥. أكمل الموظفان عملهما.   ٦. حاول الطلاب فهم الدرس الجديد.

٧. الطلاب كتبوا كل الواجبات.   ٨. كل الطلاب دخلوا الفصل منذ ساعة.

٩. نشرت جميع الصحف هذا الخبر. ١٠. جلس الطالبان في الحديقة.

٢) ضعوا الفعل الماضي في الشكل المناسب:

2) Write the past tense verb in the correct form:

١. _______ المدرسون على تأجيل الامتحان. (وافق)

٢. الوزراء _______ رئيس الجمهورية عند عودته من الخارج. (استقبل)

٣. _______ الطالبان إلى شرم الشيخ في الإجازة. (سافر)

٤. _______ الطالبتان اللغة الفرنسية. (درس)

٥. _______ الطالبات مشاكلهن مع المديرة. (ناقش)

٦. الطلاب _______ جيدًا للامتحان. (استعدّ)

٧. _______ المحاضرة حتى الساعة السابعة مساءً. (استمرّ)

٨. الرئيسان _______ مؤتمرًا صحفيًا صباح اليوم. (عقد)

٩. الطالبتان _______ في الحفل النهائي. (اشترك)

١٠. الطالبان _______ الخبر في الجريدة صباح اليوم. (قرأ)

١١. اللاعبون _______ التدريب في الساعة العاشرة صباحًا. (بدأ)

١٢. _______ المدرسون والطلاب إلى الحفل متأخرين. (وصل)

٣) كونوا جملاً اسمية ثم حولوها إلى فعلية. استعملوا الأفعال التالية:

3) Form جمل اسمية and change them to جمل فعلية using the following verbs:

١. سأل
٢. وقف
٣. اجتمع
٤. استمر
٥. أحبّ
٦. اشترك

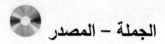

الجملة – المصدر

1. المصدر is a noun derived from a verb, which refers to the act of doing that verb. It corresponds to the English gerund or infinitive.

- أريد **زيارة** الأهرامات.
- I want **to visit** the pyramids.

- أحبّ **القراءة** كثيرًا.
- I like **reading** very much.

2. المصدر may function as a **مبتدأ , خبر , فاعل** ... etc.

- دراسةُ اللغة العربية مفيدة لعملي. **مبتدأ**

- أهم شيء بالنسبة لي الآن هو **دراسةُ** اللغة العربية. **خبر**

- يريد صديقي **دراسةَ** اللغة العربية مثلي. **مفعول به**

- حضرتُ إلى مصر **لدراسةِ** اللغة العربية. **اسم مجرور**

3. المصدر is usually definite.

- **القراءةُ** هي هوايتي المفضلة.

- أحب **قراءةَ** القصص والمجلات قبل النوم.

أنْ + فعل مضارع = مصدر

- أريد أنْ **أذهب** إلى المكتبة. ←— أريد **الذهابَ** إلى المكتبة.

- هل تحب أنْ **تشرب** القهوةَ؟ ←— هل تحب **شُربَ** القهوةِ؟

١) حولوا أنْ + الفعل ←— المصدر المقابل: [1]

1) Change to the corresponding verbal noun:

١. أحبُّ أنْ أشرب القهوة في الصباح.

---

[1] See Appendix 1 for a list of some Form I verbs and verbal nouns.

٢. يريد أن يسمع الأغنية الجديدة.

٣. يجب أنْ تقرأ هذه الجملة.

٤. من المهم أنْ تكتب الواجبات الآن.

٥. الأستاذة لا تريد أنْ تشرح الدرس مرة أخرى.

٦. يجب أنْ تدرس هذا الدرس جيدًا.

٧. أحبُّ أنْ آكل في مطعم الجامعة.

٨. هل قررت أنْ تعمل في هذه الشركة؟

٩. هي تريد أنْ تفهم اللغة العربية بسرعة.

١٠. أتمنى أنْ أرجع إلى بلدي قريبًا.

١١. أريد أنْ أذهب إلى السينما اليوم.

١٢. هل تحبّ أنْ تلعب كرة القدم؟

١٣. هل من المفروض أنْ نقرأَ هذه المقالة؟

١٤. نسيتُ أن أحفظ المفردات الجديدة.

٢) حولوا المصدر إلى ← أنْ + فعل مضارع كما في المثال: [2]

2) Change to أنْ + present tense as in the example:

مثال: أحاولُ قراءة جريدة عربية كل يوم. ← أحاولُ أنْ أقرأ جريدة عربية كل يوم.

١. هل قررت ركوب الطائرة أم القطار؟

٢. يريد الطلاب سماع الأخبار.

٣. هل تحبّ الجلوس في الشمس؟

٤. حاول الطلاب فهم المقالة.

٥. يجب علينا طبخ طعام العشاء.

[2] See Appendix 1 for a list of some Form I verbs and verbal nouns.

٦. أحب السباحة في البحر كثيرًا.

٧. هل نسيتَ قراءة الدرس؟

٨. يجب عليَّ البحث عن معنى هذه الكلمة.

٩. يجب علينا الخروج بسرعة.

١٠. أفضّل الوقوف هنا.

١١. نسينا أخذ الأوراق معنا.

١٢. هل من المستحيل حلّ هذه المشكلة؟

١٣. أحاول نطق هذه الكلمة.

١٤. يجب عليها شكر صديقتها.

١٥. أريد عمل أشياء كثيرة قبل سفري.

١٦. هل تفضل السكن في الزمالك أم جاردن سيتي؟

٣) صفوا الصور التالية باستعمال المصدر:

3) Describe the following pictures using المصدر:

هواياتنا: عادل يتحدث عن الهوايات التي يحبها أفراد أسرته: لكل فرد من أفراد أسرتي هواية يحب أن يمارسها في أوقات الفراغ.

أنا مثلاً أحب ...   أما أمي فهي ...

أختي ...

وأبي ...

وأخي ...

٤) اكتبوا قائمة بالأشياء التي يجب عليكم فعلها باستخدام المصادر:

4) Write a list of things you have to do. Use المصدر:

- خلال عطلة نهاية الأسبوع
- بعد الفصل
- غدًا
- الأسبوع القادم
- الشهر القادم

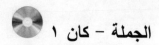

الجملة – كان ١

1. To put الجملة الاسمية in the past use كان. Notice the change in the خبر.

الجملة الاسمية في الماضي	الجملة الاسمية في الحاضر	
كان الطبيبُ مشهورًا.	الطبيبُ مشهورٌ.	كان
كانت البنتُ سعيدةً.	البنتُ سعيدةٌ.	
كان الولدان موجودَيْن.	الولدان موجودان.	
كانت الطالبتان سعيدتَيْن.	الطالبتان سعيدتان.	
كان الوزراءُ مجتمعِين.	الوزراءُ مجتمعون.	
كانت المدرساتُ جالساتٍ هنا.	المدرساتُ جالساتٌ هنا.	

كان + جملة اسمية = مبتدأ مرفوع + خبر منصوب

1) Change to the past tense:	١) حوّلوا إلى الماضي:
٦. روايات هذا الكاتب ممتعة.	١. الحفل الأخير لطيف.
٧. الشوارع مزدحمة جدًا.	٢. هذه الزيارة قصيرة.
٨. البنات نائمات في هذه الغرفة.	٣. البرنامج الدراسي الجديد ناجح.
٩. هذان الكلبان مريضان.	٤. الأستاذان مدعوان إلى الحفل.
١٠. الفيلم مخيف جدًا.	٥. الرؤساء مجتمعون هنا.

2. The following table shows the conjugation of كان in the past and in the present tense:

كان – يكون

الضمير	الماضي	المضارع	الضمير	الماضي	المضارع	الضمير	الماضي	المضارع
هو	كان	يَكونُ	**أنتَ**	كُنْتَ	تَكونُ	**أنا**	كُنتُ	أَكونُ
هي	كانَتْ	تَكونُ	**أنتِ**	كُنْتِ	تكونينَ	**نحن**	كُنّا	نَكونُ
هما (مذكر)	كانا	يَكونانِ	**أنتما**	كُنتُما	تكونان			
هما (مؤنث)	كانتا	تَكونانِ						
هم	كانوا	يَكونونَ	**أنتُم**	كُنتُم	تكونونَ			
هنَّ	كُنَّ	يَكُنَّ	**أنتُنَّ**	كُنتُنَّ	تَكُنَّ			

أمثلة:

	الجملة الاسمية في الحاضر	الجملة الاسمية في الماضي
كان	هو **في الفصل**.	كان **في الفصل**.
	هي **نائمةٌ**.	كانت **نائمةً**.
	هما **جالسان** في الحديقة.	كانا **جالسَيْن** في الحديقة.
	هما **طالبتان** في الجامعة.	كانتا **طالبتَيْن** في الجامعة.
	هم **منتظرون** في الخارج.	كانوا **منتظرين** في الخارج.
	هنّ **في السينما**.	كُنّ **في السينما**.
	أنتَ **لاعبُ** كرة ممتاز.	كنتَ **لاعبَ** كرة ممتاز.
	أنتِ **طالبةٌ** مجتهدة.	كنتِ **طالبةً** مجتهدة.
	أنتما **صحفيان** ماهران.	كنتما **صحفيَّيْن** ماهرَيْن.
	أنتما **صديقتان** لها.	كنتما **صديقتَين** لها.

	الجملة الاسمية في الحاضر	الجملة الاسمية في الماضي
كان	أنتم **الوزراءُ** الجددُ في الحكومة.	كنتم **الوزراءَ** الجددَ في الحكومة.
	أنتنّ **لاعباتٌ** في هذا الفريق.	كنتُنّ **لاعباتٍ** في هذا الفريق.
	أنا **في البيت.**	كُنتُ **في البيت.**
	نحن **جالسون** في غرفتنا.	كُنّا **جالسِين** في غرفتنا.

2) Change to the past tense:

٢) حوّلوا إلى الماضي:

١. هم طلاب في الجامعة.

٢. أنا كاتبة هذا المقال.

٣. هما متأخران عن الموعد.

٤. أنتم أصدقائي.

٥. نحن منتظرون أمام البيت.

٦. أنتَ سبب هذا الحادث.

٧. هي أستاذة في هذه الجامعة.

٨. أنتِ ممثلة ممتازة.

٩. هم متخصصون في علم اللغة.

١٠. أنا وزير الخارجية.

3) If كان is used with a جملة اسمية with a fronted predicate, كان is <u>invariable</u>. It may, however, change in gender to agree with its subject. The following examples illustrate the rule:

	الجملة الاسمية في الحاضر	الجملة الاسمية في الماضي
كان	معي قاموس.	**كان** معي قاموس.
	معي سيارة.	**كان/كانت** معي سيارة.
	معي كتب كثيرة.	**كان/كانت** معي كتب كثيرة.

٣) حوّلوا إلى الماضي: 3) Change to the past tense:

١. معي قاموس هانز فير.
٢. عندي واجبات كثيرة.
٣. عندهم مشاكل كثيرة في العمل.
٤. هناك مقال مهم في صحيفة اليوم.
٥. في الصورة أشخاص لا أعرفهم.
٦. هناك تمثالان كبيران في الميدان.
٧. على المكتب أوراق كثيرة.
٨. معنا طعام كثير.

٤) حوّلوا إلى الماضي: 4) Change to the past tense:

١. المدرسون في الجامعة.
٢. البنات سعيدات بعد مشاهدة الفيلم.
٣. هناك ولد واقف وراء الباب.
٤. أنا مريض / مريضة.
٥. أمامي كتب كثيرة.
٦. الموظفون موجودون في مكاتبهم.
٧. في المطبخ طعام كثير.
٨. هل أنتَ مشارك في المؤتمر؟
٩. عندنا نقود كثيرة.
١٠. المدرسون في اجتماع.
١١. الطالبان جالسان في الفصل.
١٢. هي مراسلة في وكالة أنباء.
١٣. المدرستان مع المديرة.
١٤. السيارة أمام البنك.
١٥. عندها أسئلة كثيرة.
١٦. في أخر المقالة حل للمشكلة.

٥) أكملوا الفقرة التالية:

5) Complete the following passage:

غرفتي

عادل يتحدث عن غرفته عندما كان صغيرًا: هذه الصورة لغرفتي عندما كنت في العاشرة. كان لي غرفة ...

الجملة - كان ٢

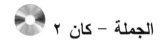

1. To refer to past actions that used to take place habitually, **كان** is used with **الفعل المضارع** as in the following examples:

الماضي المتكرر (past habitual)

أمثلة:

- في الصيف الماضي — كنتُ أذهب للسباحة كل صباح.
- في العام الماضي — كنتُ أقرأ الجريدة كل يوم.
- في الفصل الدراسي الماضي — كان الأستاذ يُعطينا امتحانًا كل أسبوع.
- خلال الحرب — كان الوزير يُدلي بتصريحات كل يوم.

2. Another use of **كان** with **الفعل المضارع** is to refer to actions which took place in the past over an extended period of time. The following examples illustrate this use:

الماضي المستمر (past progressive)

أمثلة:

- كنا نشاهد التليفزيون في الساعة العاشرة.
- كنتُ أجهز الطعام قبل أن يحضر الضيوف.
- كان الطلاب يقرؤون المقال عندما دخل الأستاذ.
- كان الأستاذ يشرح الدرس عندما سألته سؤالاً.

١) حولوا الجمل إلى الماضي المتكرر:

1) Change to the past habitual tense:

١. أحب مشاهدة نشرة الأخبار في المساء.

٢. صديقي يدخّن ٣٠ سيجارة كل يوم.

٣. أستمع إلى نشرة الأخبار كل صباح.

٤. أشرب فنجانًا من القهوة كل مساء.

٥. يُلقي محاضرة في الجامعة كل أسبوع.

٦. يقرأ الطلاب رواية كاملة في نهاية كل أسبوع.

٧. نزور أقاربنا في كل عيد.

٨. يجلس هشام وكريم في نفس المكان كل مرة.

٩. أقابل أصدقائي في نهاية كل أسبوع.

١٠. يشاهد الأصدقاء فيلمًا كل أسبوع.

١١. يستمع الطلاب إلى الأخبار في الفصل.

١٢. تقرأ هبة وإيمان قصة قصيرة.

٢) أكملوا الجمل في الزمن الماضي المستمر كما في المثال:

2) Complete the following sentences using the past continuous tense as in the example:

مثال: في الفصل الدراسي الماضي <u>كنتُ أقرأ</u> الجريدة العربية كل صباح.

١.   في الصيف الماضي كنتُ ...

    وكنت ...

    وكان...

٢.   في الشتاء الماضي كُنا ...

    وكانت ...

    وكان ...

٣.   عندما كنتُ صغيرًا كان أبي وأمي ...

    وكنتُ ...

٤.   عندما كنتُ مريضًا كان أصدقائي ...

    وكانوا ...

    وكانت ...

٥.   في السنة الماضية كان ...

وكان ...

وكُنّا ...

٣) أكملوا الجمل التالية في الزمن الماضي المستمر كما في المثال:

3) Complete the following sentences in the past progressive tense as in the example:

مثال: عندما دخل الأستاذ الصف كان الطلاب <u>يتكلمون</u> معًا.

١.   عندما وقع الزلزال كنا ...

٢.   قبل أن أقابل صديقتي كنتُ ...

٣.   عندما وصلنا إلى المطار كان ...

٤.   عندما وصلتُ إلى البيت كان ...

٥.   عندما دخل الطلاب المكتبة كان ...

٦.   بعد أن أحضر أخي الرسالة كان ...

٧.   عندما انفجرت القنبلة كان ...

٨.   عندما اقتحمت الشرطة المكان كان ...

٩.   عندما خرجنا من السينما كان ...

١٠. عندما فتحت الراديو كان ...

٤) أكملوا الفقرة التالية في الزمن الماضي. اكتبوا ١٠ جمل على الأقل:

4) Complete in the past tense. Write at least 10 sentences:

كنت طالبًا/طالبةً في معهد اللغة العربية في الجامعة الأمريكية بالقاهرة وكنتُ ...

٥) أكملوا الفقرة التالية:

5) Complete the following paragraph:

عادل يحكي عن حياته في الكويت:

عندما كنت تلميذًا في المدرسة الابتدائية سافرنا مع والدي إلى الكويت حيث عمل مهندسًا لمدة خمسة أعوام. كنا نقضي السنة الدراسية في الكويت ونحضر إلى القاهرة في الإجازة الصيفية. كانت حياتنا في الإجازة مليئة بالأحداث:

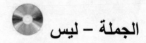

الجملة – ليس

1. To negate الجملة الاسمية use ليس, which changes الخبر from مرفوع to منصوب.

ليس + جملة اسمية = مبتدأ مرفوع + خبر منصوب

■ هذا الكتاب سهلٌ. ←——————— ليس هذا الكتاب سهلاً.

هذا الكتاب ليس سهلاً.

■ الطلاب منتظرون في الخارج. ←—— ليس الطلاب منتظرين في الخارج.

الطلاب ليسوا منتظرين في الخارج.

١) انفوا الجمل التالية باستعمال ليس مع عمل التغييرات اللازمة:

1) Negate the following sentences using ليس and make the necessary changes:

١. وزير الدفاع في اجتماع مهم.

٢. هذا الدرس صعب جدًا.

٣. هؤلاء مشجعو الفريق الأبيض.

٤. المباحثات ناجحة هذه المرة.

٥. الرئيسان جالسان في عشاء عمل.

٦. أعضاء الوفد متفائلون بشأن نتيجة المباحثات.

٧. المدير مسافر لحضور مؤتمر هام.

٨. سيارتي الجديدة غالية جدًا.

٩. الطلاب غاضبون بسبب صعوبة الامتحان.

١٠. هؤلاء الطلاب مصريون.

2. Following is the conjugation of ليس :

ليس

الضمير	الفعل الماضي	الضمير	الفعل الماضي	الضمير	الفعل الماضي
هو	لَيْسَ	**أنتَ**	لَسْتَ	**أنا**	لَسْتُ
هي	لَيْسَتْ	**أنتِ**	لَسْتِ	**نحن**	لَسْنا
هما (مذكر)	لَيْسا	**أنتما**	لَسْتُما		
هما (مؤنث)	لَيْسَتا				
هم	لَيْسوا	**أنتم**	لَسْتُم		
هنَّ	لَسْنَ	**أنتنَّ**	لَسْتُنَّ		

أمثلة:

- هما **طالبان** في الجامعة. ← (هما) ليسا **طالبَيْن** في الجامعة.
- أنا **أستاذةٌ** في المعهد. ← (أنا) لستُ **أستاذةً** في المعهد.

٢) انفوا الجمل التالية باستعمال 'ليس' مع عمل التغييرات اللازمة:

2) Negate the following sentences using 'ليس' and make the necessary changes:

١. هم مراسلون في إحدى القنوات الإخبارية.

٢. هما طالبتان جديدتان.

٣. أنا بحاجة إلى المساعدة.

٤. هنّ في مطعم الجامعة.

٥. هي كاتبة هذا المقال.

٦. نحن موافقون على الخطة الجديدة.

٧. أنتَ سبب هذه المشاكل.

٨. هم الموظفون الجُدد في هذه الشركة.

٩. أنتم أصدقائي.

١٠. نحن المسؤولون عن هذا المكان.

3. If **ليس** is used to negate a **جملة اسمية** with an indefinite **مبتدأ** and a fronted predicate, **ليس** is invariable. The following examples illustrate the rule:

أمثلة:

- **في الفصل** طلاب كثيرون. ← **ليس في الفصل** طلاب كثيرون.
- **في المكتبة** كتب شيِّقة. ← **ليس في المكتبة** كتب شيِّقة.
- **في هذه العمارة** شقة للإيجار. ← **ليس في هذه العمارة** شقة للإيجار.

٣) انفوا الجمل التالية باستعمال 'ليس':

3) Negate the following sentences using 'ليس':

١. في هذه الخريطة بلاد عربية.
٢. له دور كبير في هذه القضية.
٣. هناك أفكار عميقة في المقالة.
٤. عندي أمل في حل المشكلة.
٥. معي فكة.
٦. هناك زحام في الشارع الآن.
٧. في شقتهم ثلاث غرف كبيرة.
٨. أمامنا عمل كثير.

٤) أجيبوا بـ'لا' مع عمل التغييرات اللازمة:

4) Answer using 'no' and make the necessary changes:

١. هل أنتم مدرسون في هذا المعهد؟هل الطبيب موجود في عيادته الآن؟
٢. هل هذا البرنامج التليفزيوني مفيد؟
٣. في رأيك، هل صوت هذا المطرب جميل؟
٤. هل أسرتك مقيمة معك في نفس المدينة؟
٥. هل الطعام المصري لذيذ؟
٦. هل تذكرتك معك؟
٧. هل المطر شديد في الخارج؟
٨. هل أنتَ المسؤول هنا؟

 الجملة – كان وأخواتها

كان (أو إحدى أخواتها) + جملة اسمية = مبتدأ **مرفوع** + خبر **منصوب**

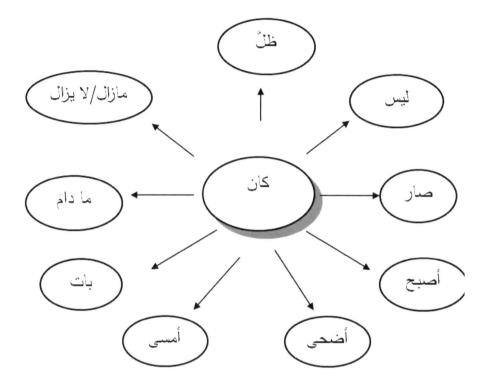

أمثلة:

- كان + هذا الطبيبُ مشهورٌ ───────────◄ كان هذا الطبيبُ **مشهورًا**.
- أصبح + البنتُ سعيدةٌ ───────────◄ أصبحت البنتُ **سعيدةً**.
- ما زال + عندي قاموس هانز فير ───────◄ ما زال **عندي** قاموسُ هانز فير.
- ليس + الولدان موجودان ───────────◄ ليس الولدان **موجودَيْن**.
- ظلّ + هو نائم ───────────◄ ظلّ **نائمًا** حتى الصباح.

- ليس + هناك ورقةٌ على المكتبِ ——— ليس / ليست **هناك** ورقةٌ على المكتبِ.
- كان + أنا في البيتِ ——— كُنْتُ **في البيتِ**.
- ظلّ + المدرس يشرح الدرس ——— ظلّ المدرس **يشرح** الدرس حتى فهم الطلاب.
- أصبح + أنا أحب اللغة العربية كثيرًا ——— أصبحتُ **أحب** اللغة العربية كثيرًا.
- لا يزال + الطلاب يد رسون للامتحان ——— لا يزال الطلاب **يدرسون** للامتحان.

ما زال/لا يزال

الضمير	الماضي	المضارع	الضمير	الماضي	المضارع
هو	ما زالَ	لا يزالُ	**أنتَ**	ما زِلْتَ	لا تزالُ
هي	ما زالَتْ	لا تزالُ	**أنتِ**	مازِلْتِ	لا تزالينَ
هما (مذكر)	ما زالا	لا يزالانِ	**أنتما**	مازِلْتُما	لا تزالانِ
هما (مؤنث)	ما زالَتا	لا تزالانِ			
هم	ما زالوا	لا يزالونَ	**أنتُم**	ما زِلْتُم	لا تزالونَ
هنَّ	ما زِلْنَ	لا يزَلْنَ	**أنتُنَّ**	ما زِلْتُنَّ	لا تزَلْنَ

المضارع	الماضي	الضمير
لا أزالُ	ما زِلْتُ	**أنا**
لا نزالُ	ما زِلْنا	**نحن**

١) أدخلوا 'ما زال/لا يزال' على كل جملة مع عمل التغييرات اللازمة:

1) Use 'ما زال/لا يزال' and make the necessary changes:

١. الجو بارد هذه الأيام.

٢. هن بحاجة إلى نقود.

٣. وزراء الخارجية مجتمعون.

٤. هما في الشقة.

٥. شوارع وسط المدينة مزدحمة.

٦. قراءة الجريدة العربية صعبة عليها.

٧. أنا في البيت.

٨. أمامي عمل كثير.

٩. المدرسون مشغولون.

١٠. هناك كلمات لم أفهمها في المقالة.

١١. هل أنتَ معهم؟

١٢. هو موظف في هذه الشركة.

١٣. هل عندكم سيارة كبيرة؟

١٤. الأطفال يلعبون في الحديقة.

١٥. أحبه كثيرًا.

١٦. يحاولون أن يفهموا هذه المقالة.

١٧. أحتفظ بكتبي القديمة.

١٨. أمارس الرياضة يوم الجمعة.

أصبح – يُصبِحُ

الضمير	الماضي	المضارع	الضمير	الماضي	المضارع
هو	أَصْبَحَ	يُصْبِحُ	أنتَ	أَصْبَحْتَ	تُصْبِحُ
هي	أَصْبَحَتْ	تُصْبِحُ	أنتِ	أَصْبَحْتِ	تُصْبِحِينَ
هما (مذكر)	أَصْبَحَا	يُصْبِحانِ	أنتما	أَصْبَحْتُما	تُصْبِحانِ
هما (مؤنث)	أَصْبَحَتا	تُصْبِحانِ			
هم	أَصْبَحُوا	يُصْبِحونَ	أنتُم	أَصْبَحْتُم	تُصْبِحُونَ
هنَّ	أَصْبَحْنَ	يُصْبِحْنَ	أنتُنَّ	أَصْبَحْتُنَّ	تُصْبِحْنَ

الضمير	الماضي	المضارع
أنا	أَصْبَحْتُ	أُصْبِحُ
نحن	أَصْبَحْنا	نُصْبِحُ

٢) أدخلوا 'أصبح' على كل جملة مع عمل التغييرات اللازمة:

2) Use 'أصبح' and make the necessary changes:

١. الشارع الذي أسكن فيه نظيف.

٢. أمامي فرصة للعمل في شركة كبيرة.

٣. أنا سعيد/ة بعد أن بدأت دراسة اللغة العربية.

٤. الطلاب فرحون بعد حصولهم على درجات عالية في الامتحان.

٥. هما جائعان لأنهما لم يأكلا منذ مدة طويلة.
٦. الجو جميل اليوم.
٧. هناك خوف من أخبار الحرب.
٨. أشرب القهوة كل صباح.
٩. أقضي معظم الصيف في الإسكندرية.
١٠. الطلاب يحبون اللغة العربية.
١١. نلبس ملابس ثقيلة في الشتاء.
١٢. يذهبان إلى السينما كل أسبوع.

ظلّ - يظَلّ

الضمير	الماضي	المضارع	الضمير	الماضي	المضارع
هو	ظَلَّ	يظَلُّ	**أنتَ**	ظَلَلْتَ	تظَلُّ
هي	ظَلَّتْ	تظَلُّ	**أنتِ**	ظَلَلْتِ	تظَلِّينَ
هما (مذكر)	ظَلا	يظَلّانِ	**أنتما**	ظَلَلْتُما	تظَلّانِ
هما (مؤنث)	ظَلَّتا	تظَلّانِ			
هم	ظلّوا	يظَلّونَ	**أنتُم**	ظَلَلْتُم	تظَلونَ
هنَّ	ظَلَلْنَ	يظْلَلْنَ	**أنتُنَّ**	ظَلَلْتُنَّ	تَظْلَلْنَ

الضمير	الماضي	المضارع
أنا	ظَلَلْتُ	أظَلُّ
نحن	ظَلَلْنا	نَظَلُّ

٣) كوّنوا جملاً مستعملين 'ظل' كما في المثالين التاليين:

3) Form sentences using 'ظل' as in the following examples:

مثال: هي + ظلّ + نائم ————◄ هي ظلّت نائمة حتى الساعة التاسعة صباحًا.

هم + ظلّ + درس ————◄ هم ظلوا يدرسون لمدة سبع ساعات.

١. هي + ظل + مريضة

٢. الطلاب + ظلّ + جلس

٣. الصحفيون + ظلّ + منتظرون

٤. الأصدقاء + ظلّ + جالسون

٥. الطفلان + ظلّ + نائمان

٦. رجال الشرطة + ظلّ + أمام الجامعة

٧. وزراء الخارجية + ظلّ + مجتمعون

٨. أنا + ظلّ + نائم

٩. أنا + ظلّ + شاهد التليفزيون

١٠. أنا + ظلّ + قرأ

١١. هي + ظلّ + درس

١٢. نحن + ظلّ + بحث

١٣. هم + ظلّ + عمل

١٤. الجو + ظلّ + لطيف

4) Complete as in the example: ٤) أكملوا كما في المثال:

■ في طفولتي كنتُ أدرسُ قليلاً، وألعبُ كثيرًا.

١. و _____ _____ (ذَهَبَ) إلى السينما كل أسبوع.

٢. و _____ _____ (أَكَلَ) كثيرًا من الأيس كريم.

٣. و ــــــــــــــــ ــــــــــــــــ (أَحَبَّ) البيتزا جدًا.

٤. و ــــــــــــــــ ــــــــــــــــ (شاهَدَ) التليفزيون كل يوم.

٥. و ــــــــــــــــ ــــــــــــــــ (نام) في الساعة الثامنة مساءً.

- لكن الآن **أصبحتُ** أدرسُ كثيرا، وألعبُ قليلاً.

١. و ــــــــــــــــ ــــــــــــــــ (عَمِلَ) في المكتبة بعد الظهر.

٢. و ــــــــــــــــ ــــــــــــــــ (طَبَخَ) طعامي بنفسي.

٣. و ــــــــــــــــ ــــــــــــــــ (سَكَنَ) بعيدًا عن أسرتي.

٤. و ــــــــــــــــ ــــــــــــــــ (نام) بعد الساعة الحادية عشرة مساءً.

٥. و ــــــــــــــــ ــــــــــــــــ (اعتمد) على نفسي في أشياء كثيرة.

- ولكنني **مازلتُ** أذهبُ إلى السينما كل أسبوع.

١. و ــــــــــــــــ ــــــــــــــــ (أكل) كثيرا من الأيس كريم.

٢. و ــــــــــــــــ ــــــــــــــــ (أحب) البيتزا جدًا.

٣. و ــــــــــــــــ ــــــــــــــــ (مارس) الرياضة كل يوم.

٥) أكملوا بالأفعال المضارعة المناسبة:
5) Complete with an appropriate فعل مضارع:

١. كان أبي ــــــــــــــــ، والآن أصبح ــــــــــــــــ.

٢. وكانت أمي ــــــــــــــــ، والآن أصبحت ــــــــــــــــ.

٣. كانت أسرتي ــــــــــــــــ، والآن ما زالت ــــــــــــــــ.

٤. كان زملائي في الجامعة ــــــــــــــــ، ومازالوا ــــــــــــــــ.

٥. ما كان أخي ــــــــــــــــ، ولكن الآن أصبح ــــــــــــــــ.

٦) استعملوا كان أو إحدى أخواتها: 6) Use كان or one of its sisters:

١. _____ أحبه دائمًا.

٢. _____ اللغة العربية صعبة.

٣. _____ زوجي يعمل في الإمارات.

٤. _____ و _____ أحب أكل الآيس كريم.

٥. _____ الأستاذة تشرح المفردات حتى فهمها الطلاب.

٧) أجيبوا على السؤال التالي:

7) Answer the following question:

كان وما زال وأصبح: كيف كنتم منذ ١٠ سنوات وكيف تغيّرتم وما الذي ما زلتم عليه
حتى الآن؟ اكتبوا فقرة في هذا الموضوع واستعملوا **كان وما زال وأصبح.**

8) Who am I?

٨) من أنا؟

اختاروا شخصية مشهورة واكتبوا عنها فقرة مستخدمين 'كان / أصبح / ما زال' ويكون
على الطلاب الآخرين تخمين من هذه الشخصية؟

 الجملة – إنَّ وأخواتها

إنَّ (أو إحدى أخواتها) + جملة اسمية = مبتدأ **منصوب** + خبر **مرفوع**

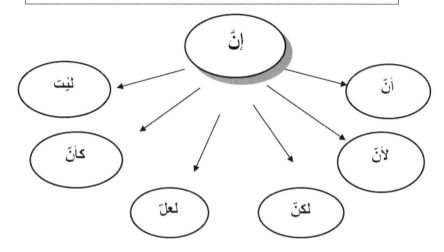

إنَّ

استعمالات إنَّ:

١. في بداية الجملة:

مثال: إنَّ المدرسِين مشغولون.

٢. بعد الفعل قال بكل أشكاله:

مثال: سوف يقول إنَّه مريض.

٣. بعد بعض التعبيرات مثل:

مثال: لم تحضر الفصل اليوم **حيث إنَّها** مريضة.

أنَّ

استعمالات أنَّ:

١. بعد بعض الأفعال مثل:

سَمِعَ – قَرَأَ – كَتَبَ – عَرَفَ – عَلِمَ – تأكَّد – ذَكَرَ – أخبر – ظَنَّ – اعتقد – أدرك – اعتبر – فَهِمَ – صرَّح – لاحَظَ

- **سمعنا أنَّهم** سيحضرون اليوم.
- **قرأتُ أنَّ** هذا الفيلمَ ممتازٌ.

٢. بعد بعض التعبيرات مثل:

من الواضح – من المؤكَّد – من المعروف – من المفهوم – من الجدير بالذكر

- **من الواضح أنَّ** الجوَ حارٌ اليوم.
- **من المعروف أنَّ** القاهرةَ عاصمةُ مصر.

أمثلة:

- إنّ + هذا **الطبيبُ** مشهور ← إنَّ هذا **الطبيبَ** مشهورٌ.
- أنَّ + **الزلزالُ** كان شديدًا ← ... **أنَّ الزلزالَ** كان شديدًا
- لأنَّ + **البنتُ** مريضةٌ ← ... **لأنَّ البنتَ** مريضةٌ
- لكنَّ + عندي **درسٌ** الآن ← ... **لكنَّ** عندي **درسًا** الآن
- لعلَّ + **هم** في الفصل ← **لعلَّهم** في الفصل.
- لَيْتَ + عندي نقودٌ كثيرةٌ ← لَيْتَ عندي **نقودًا كثيرةً**.
- كأنَّ + هي ملكةٌ ← تتكلم **كأنّها** ملكةٌ.

١) حدّدوا المبتدأ والخبر وإعراب كل منهما كما في الأمثلة التالية:

1) Determine المبتدأ and الخبر and the case endings of each one of them as in the following examples:

إعرابه	الخبر	إعرابه	المبتدأ	الجملة الاسمية	رقم
شبه جملة	في الفصل	منصوب	الطلابَ	لعلَّ الطلاب في الفصل.	مثال ١
شبه جملة	في الفصل	منصوب	طلابًا	لعلَّ في الفصل طلابًا.	مثال ٢
مرفوع	سهلٌ	منصوب	هذا الدرسَ	إنَّ هذا الدرس سهل.	مثال ٣
جملة فعلية	سافرت	ضمير	ها (هي)	... لكنَّها سافرت أمس	مثال ٤

١. إنَّ الحياة صعبة.

٢. لعلَّها تحضر اليوم.

٣. لكنَّ في الثلاجة طعاما كثيرًا

٤. لأنَّني صحوت في ساعة متأخرة

٥. سنقول إنه كاذب.

٦. أعرفُ أنَّ هناك كلمات جديدة في هذا التمرين.

٧. هل قلتَ إنك كنتَ هناك؟

٨. من الواضح أنها لا تحبه.

٩. لَيْتَه يحضر مبكرًا.

١٠. لعلكِ تريدين أنْ تساعدينا.

١١. من المعروف أنَّ اللغة العربية لغة سهلة.

١٢. هل سمعتم أنَّ هناك رحلة إلى الإسكندرية؟

١٣. تتصرف كأنها المرأة الوحيدة في العالم.

٢) أكملوا كما في المثال:

2) Complete the following sentences as in the example:

مثال: المدرسُ مريضٌ اليوم. (هل تعرف أنّ ...؟)

هل تعرف أن **المدرسَ** مريضٌ اليوم؟

١. المدرسة في مكتبها. (لعلّ)

٢. الكتاب موجود في المكتبة. (ليتَ)

٣. هذه الفكرة هامة جدًا. (أعرف أنّ)

٤. الأولاد مع جدتهم. (قال إنّ)

٥. الوقت مناسب للحديث معها. (ليتَ)

٦. هذا الدرس سهل. (لعلّ)

٧. الأستاذة في الفصل. (سمعنا أنَّ)

٨. أحمد صديق مخلص. (أعرف أنَّ)

٩. الجوّ جميل اليوم. (لعلَّ)

١٠. السودان يقع جنوب مصر. (نعرف أنَّ)

٣) أكملوا كما في المثال:

3) Complete the following sentences as in the example:

مثال: هو مريضٌ اليوم. (هل تعرف أنّ ...؟)

هل تعرف **أنه** مريضٌ اليوم؟

١. أنا مريض اليوم. (أريد أنْ أخرج معكم لكنّ)

٢. هي سكرتيرة في شركة كبيرة. (سمعنا أنّ)

٣. هما في الكافيتريا. (ليسا في الفصل لأنّ)

٤. أنتَ صديقي. (أعرف أنَّ)

٥. هو أحسن طالب في معهد اللغة العربية. (يعتقد أنَّ)

٦. أنتِ بخير اليوم. (لعلّ)

٧. هم من النرويج. (لا يشعرون بالبرد في مصر لأنَّ)

٨. هي مصرية. (هو أمريكي لكنَّ)

٩. أنتم مشغولون. (أريد أن أتكلم معكم لكنَّ)

١٠. نحن في الصيف. (الجوّ حارّ كأنَّ)

٤) أكملوا كما في المثال:

4) Complete the following sentences as in the example:

مثال: هناك طلابٌ في الفصل. (هل تعرف أنّ ...؟)

هل تعرف أن هناك طلابًا في الفصل؟

١. هناك ولد أمام الباب. (إنَّ)

٢. معي قاموس الآن. (ليت)

٣. أمامي عمل كثير. (إنَّ)

٤. هناك موظف في المكتب. (أعتقد أنَّ)

٥. على المكتب أوراق كثيرة. (إنَّ)

٦. تحت الكرسي كتاب. (هل تعرف أنَّ ...؟)

٧. عندنا نقود كثيرة. (ليتَ)

٨. للغة العربية أهمية كبيرة في العالم اليوم. (من الواضح أنَّ)

٩. أمام الجامعة عدد من المطاعم. (إنَّ)

١٠. هناك رجال شرطة أمام الجامعة. (كلنا نعرف أنَّ)

إنَّ أو إحدى أخواتها يكون بعدها جملة اسمية دائمًا (وليس فعل).
إنّ or any of its sisters are always followed by a جملة اسمية (never by a verb).

٥) أكملوا كما في المثال:

5) Complete the following sentences as in the example:

مثال: تقع مصر في وسط العالم العربي. (من المعروف أنّ)

من المعروف أنّ **مصر تقع** في وسط العالم العربي.

١. لا يريد الطلاب الامتحان اليوم. (لا شكَّ أنَّ)

٢. استقبل الرئيس المصري اليوم رئيس وزراء المغرب. (شاهدنا في التليفزيون أنَّ)

٣. يفهم كل الطلاب الدرس. (من الواضح أنَّ)

٤. سيحضر كل أفراد الأسرة إلى الحفلة. (قالت إنَّ)

٥. عقد الرئيسان مؤتمرًا صحفيًا بعد المباحثات. (سمعنا في الأخبار أنَّ)

٦. تكلم الطلاب مع المديرة أمس. (المديرة تفهم المشكلة لأنَّ)

٧. سوف تبدأ المباحثات اليوم. (أكد وزير الخارجية أنَّ)

٨. تساعد قراءة الجريدة في تعلم اللغة العربية.(إنَّ)

٩. يحبّ كل الناس البيتزا والأيس كريم.(من المعروف أنَّ)

٦) أكملوا كما في المثال:

6) Complete the following sentences as in the example:

مثال: يحبون اللغة العربية. (من الواضح أنَّ)

من الواضح **أنهم يحبون** اللغة العربية.

١. ذهبن إلى السينما. (أعرف أنَّ)

٢. تحتاجين إلى مساعدة. (لعلّ)

٣. تشعر بألم في رأسها. (لا تقدر أن تخرج معنا لأنَّ)

٤. لم أجد غرفة في أي فندق. (كنتُ أريد أن أسافر إلى شرم الشيخ لكنَّ)

٥. نستطيع حلّ المشكلة. (ليتَ)

٦. تسلَّمتْ رسالة من حبيبها. (تشعر بالسعادة لأنَّ)

٧. حصلتم على درجة عالية في الامتحان. (إنّ)

٨. دخلا الفصل بعد المدرسة. (لاحظنا أنَّ)

٩. أرسلنا رسالة إلى الرئيس. (هل تعرف أنَّ ...؟)

١٠. يفهمون الدرس. (من الواضح أنَّ)

٧) أكملوا الفقرة التالية بـ 'إنّ' أو إحدى أخواتها:[3]

7) Complete the following passage using 'إن' or any of its sisters:

وقع انفجار في محطة المترو الرئيسية في المدينة. ألقت الشرطة القبض على عدد من المشتبه فيهم وبدأت في استجوابهم:

المحقق: ماذا كنتَ تفعل في محطة المترو وقت حدوث الانفجار؟

المشتبه فيه: لقد قلتُ لكم __________ كنتُ في طريقي لأركب المترو المتّجه إلى مصر الجديدة.

المحقق: لماذا؟

المشتبه فيه: __________ كنتُ في طريقي إلى عملي هناك، فأنا أعمل في أحد المطاعم هناك.

المحقق: و__________ لم نجد معك تذكرة المترو، فكيف كنت ستركب القطار؟

المشتبه فيه: لابدّ __________ وقعت مني وأنا أجري مع الناس. أتذكر __________ كنت أمسكها في يدي.

المحقق: عرفت من التحقيقات السابقة __________ طالب في الجامعة.

المشتبه فيه: نعم، أنا طالب في السنة الأخيرة في كلية التجارة.

---

[3] See Appendix 6 for meanings of vocabulary items if needed.

المحقق: ولماذا تعمل في هذا المطعم إذن؟

المشتبه فيه: ___________ أحتاج إلى النقود! ___________ كنت غنيًا فلا أحتاج إلى العمل!

المحقق: هممممم. تستطيع أن تذهب الآن وسوف نعود إلى سؤالك مرة أخرى غدًا.

٨) أجيبوا على الأسئلة التالية. استعملوا 'إنّ' أو إحدى أخواتها:

8) Answer the following questions. Use 'إنّ' or one of its sisters:

١. لماذا لا تشاهد التليفزيون كثيرًا؟

٢. ما رأيك في مدينة القاهرة؟

٣. ماذا قرأت في الجريدة هذا الصباح؟

٤. ماذا قالت الأستاذة عن الامتحان؟

٥. لماذا تشرب قهوة كثيرًا في الصباح؟

٦. لماذا لا تشتري ملابس جديدة؟

٧. ماذا تعرف عن الحياة في الريف؟

٨. لماذا يضحك الرؤساء في كل صورهم؟

٩. لماذا غضب الطلاب؟

١٠. لماذا تجلس وحدك كثيرًا؟

١١. لماذا تدرس اللغة العربية؟

١٢. ماذا لاحظت عندما زرت خان الخليلي؟

الفصل الثاني
الاسم المُعرَب والاسم المبني⁽⁴⁾

In Arabic, there are two types of nouns:

a) declinable nouns, or الاسم المعرب, the endings of which change depending on their position in the sentence, and

b) indeclinable nouns, or الاسم المبني, the endings of which are fixed, regardless of their position in the sentence.

---

(4) See Appendix 2 for a list of declinable nouns explained in this book.

The following table illustrates both types of nouns:

الاسم

Declinable **مُعْرَب**	Indeclinable **مَبني**
يتغير شكل آخره بتغير موقعه في الجملة، وينقسم إلى:	لا يتغير بتغير موقعه في الجملة، ويشمل:
مرفوع	▪ الضمائر Pronouns مثل: هو، هي، نحن
منصوب	▪ أسماء الإشارة Demonstratives مثل: هذا، هذه
مجرور	▪ الأسماء الموصولة Relative pronouns مثل: الذي، التي
	▪ أسماء الشرط Conditional particles مثل: إذا، لو
	▪ أسماء الاستفهام Interrogatives مثل: متى، أين
	▪ بعض الظروف Adverbs مثل: قبلَ، بعدَ، أمامَ، وراءَ

١) استخرجوا ٥ أسماء معربة و ٥ أسماء مبنية من النص التالي: [5]

1) Find 5 اسم معرب and 5 اسم مبني in the following passage:

وكانت منطقة العباسية – التي انتقلنا إليها – عبارة عن بيوت صغيرة مُتشابِهة، وبجانب تلك البيوت تمتد الأراضي الخضراء حتى المنطقة التي يسمونها الآن بـ'حدائق القبة،' وكان شارع أحمد سعيد – المزدحم حاليًا – خاليًا من البيوت وكان كله عبارة عن حدائق وأشجار، وكنا نعيش كأننا في الريف مع توافر الكهرباء والمياه والمجاري وجميع الخدمات. كنا نملك بيتنا الجديد في العباسية، ولكننا بعناه بعد وفاة والدي – رحمه الله – وأظنه الآن تحول إلى عمارة، ورغم هذا الانتقال كنت – كما قلت – دائمًا أذهب إلى حي سيدنا الحسين، وقد ورثت حب ذلك الحيّ عن أمي – رحمها الله – التي كانت كل صباح تذهب لزيارة الحسين وزيارة أقاربنا وجيراننا القدامى.

مقتطف من "أمي وأبي" لنجيب محفوظ

ملحق الأهرام ٢٠٠٦/٨/٢٤، بتصرّف

علامات إعراب الاسم

	أولاً: الرفع	ثانيًا: النصب	ثالثـًا: الجر
	بالضمّة	**بالفتحة**	**بالكسرة**
المفرد	فهم **طالبٌ** الدرس. فهم **الطالبُ** الدرس.	قرأتُ **كتابًا** جديدًا. قرأتُ **الكتابَ** الجديد.	ذهبتُ إلى **فصلٍ** جديدٍ. ذهبتُ إلى **الفصلِ** الجديد.

[5] See Appendix 6 for meanings of vocabulary items if needed.

	بالضمّة	**بالفتحة**	**بالكسرة**
جَمع التكسير (6)	فهم **طلابٌ** الدرس. فهم **الطلابُ** الدرس.	قرأتُ **كُتبًا** جديدة. قرأتُ **الكُتبَ** الجديدة.	تكلّمتُ مع **طلابٍ** جُدُدٍ. تكلّمتُ مع **الطلابِ** الجدُدِ.
	بالضمّة	**بالكسرة**	**بالكسرة**
جمع المؤنث السالم	فهمت **طالباتٌ** الدرس. فهمت **الطالباتُ** الدرس.	قابلتُ **طالباتٍ** جديداتٍ. قابلتُ **الطالباتِ** الجديداتِ.	تكلّمتُ مع **طالباتٍ** جديداتٍ. تكلّمتُ مع **الطالباتِ** الجديداتِ.
	بالألف	**بالياء**	**بالياء**
المثنى	فهم **الطالبان** الدرس.	قرأتُ **مقالتَيْنِ** أمس.	تكلّمتُ مع **طالبَيْنِ** جديدين.
	بالواو	**بالياء**	**بالياء**
جمع المذكر السالم	يشرح **المدرسون** الدرس.	قابلتُ **المُدَرِّسينَ** أمس.	تكلّمتُ مع **المُدَرِّسينَ** أمس.

(6) Many broken plural patterns are 'diptotes,' e.wg. أطباء , مفاتيح , مَدارس and take therefore different case endings for the مجرور case. They are مجرور with a فتحة, not a كسرة as usual.

٢) حددوا نوع كل اسم من الأسماء التالية وعلامات إعرابه كما في المثالين:

2) Determine the type of each one of the following words and its case endings as in the examples:

رقم	الاسم	نكرة/معرفة	علامة الإعراب		
			الرفع	النصب	الجر
١	أولاد	نكرة	أولادٌ	أولادًا	أولادٍ
٢	الأولاد	معرفة	الأولادُ	الأولادَ	الأولادِ

١. سيارات
٢. مكتب
٣. قلم
٤. كتابان
٥. الموظفون
٦. الكرسي
٧. ورقتان
٨. رجال
٩. مدرسون
١٠. أخبار

(7)

٣) استخرجوا من الفقرتين التاليتين الأسماء المعربة التي تمت دراستها: (6)

3) Extract from the following paragraphs the declinable nouns you have studied so far:

١. تلقّى الرئيس السوري رسالة من الرئيس المصري، سلّمها له وزير الخارجية المصري خلال استقباله له أمس بدمشق. وصرّح مصدر مسؤول أن الرسالة تتعلق بالعلاقات الثنائية بين البلدين وآخر التطورات في منطقة الشرق الأوسط.

جريدة الأهرام،

١٥ أكتوبر ٢٠٠٦، بتصرّف

(7) See Appendix 6 for meanings of vocabulary items if needed.

٢. مدينة طابا هي آخر جزء من سيناء عاد إلى مصر عام ١٩٨٩، وهي من المدن المصرية السياحية الجميلة، يزورها عدد كبير من السياح من جميع أنحاء العالم. وهي إحدى مدن محافظة شمال سيناء وتقع على رأس خليج العقبة. وتبتعد طابا عن مدينة شرم الشيخ بحوالي ٤٤٠ كم باتجاه الشمال وهي مدينة صغيرة لا تزيد مساحتها عن واحد كيلو متر مربع.

مقتطف بقلم أشرف توفيق،

جريدة حريتي ٨ أكتوبر ٢٠٠٦

الفصل الثالث

الفعل الماضي

الفعل الماضي – الصحيح [1]

الفعل الماضي الصحيح (السالم)

ذَهَبَ – يذهَب

الضمير	الفعل الماضي	الضمير	الفعل الماضي	الضمير	الفعل الماضي
هو	ذَهَبَ	أنتَ	ذَهَبْتَ	أنا	ذَهَبْتُ
هي	ذَهَبَتْ	أنتِ	ذَهَبْتِ	نحن	ذَهَبْنا
هما (مذكر)	ذَهَبا	أنتما	ذَهَبْتُما		
هما (مؤنث)	ذَهَبَتا				
هم	ذَهَبوا	أنتُم	ذَهَبْتُم		
هنَّ	ذَهَبْنَ	أنتُنَّ	ذَهَبْتُنَّ		

[1] See Appendix 3 for types of verbs in Modern Standard Arabic.

الفعل الماضي الصحيح (المهموز)

قرأ – يقرأ

الضمير	الفعل الماضي	الضمير	الفعل الماضي	الضمير	الفعل الماضي
هو	قَرَأَ	أنتَ	قَرَأْتَ	أنا	قَرَأْتُ
هي	قَرَأَتْ	أنتِ	قَرَأْتِ	نحن	قَرَأْنا
هما (مذكر)	قَرأ	أنتما	قَرَأْتُما		
هما (مؤنث)	قَرَأَتا				
هم	قَرَؤوا	أنتُم	قَرَأْتُم		
هنَّ	قَرَأْنَ	أنتُنَّ	قَرَأْتُنَّ		

1) Conjugate the past tense verb: ١) صرفوا الفعل الماضي:

١. ________ الحكومة بخفض الأسعار في العام القادم. (وعد)

٢. لماذا ________ الطلاب في الحديقة؟ (وقف)

٣. المدرسون ________ لمناقشة مشاكل الطلاب. (اجتمع)

٤. هل (أنتم) ________ هذا المقال؟ (قرأ)

٥. كيف (أنتم) ________ شقتكم الجديدة؟ (وجد)

٦. (أنا) ________ الغرفة عندما (هم) ________ في الكلام. (ترك، بدأ)

٧. الرئيسان ________ لبحث إمكانية التوصل إلى حل سلمي. (اجتمع)

٨. الطالبان ________ القاموس للبحث عن معاني الكلمات. (استخدم)

٩. (هم) ________ متأخرين مرة أخرى. (وصل)

١٠. لماذا (أنتِ) ________ كل هذه الأكواب؟ (ملأ)

١١. (نحن) ________ في المطار لمدة ساعتين. (انتظر)

١٢. ________ السيارة أمام العمارة التي أسكن فيها. (وقف)

١٣. هل (أنتَ) ________ لأصدقائك عنوان البيت؟ (وصف)

١٤. أنتم ________ في مشكلة كبيرة. (وقع)

١٥. الطالبان ________ الواجبات على مكتب المدرسة. (وضع)

١٦. متى (أنتما) ________ إلى الحفل؟ (وصل)

١٧. أين (أنتِ) ________ هذا الكتاب؟ (وجد)

١٨. هل (أنتم) ________ شبابيك البيت؟ (فتح)

نفي الماضي ← ما + الفعل الماضي

Negation of the past tense verb ⟶ ما + verb

٢) حوِّلوا كما في المثال: **2) Change as in the example:**

مثال: هو **ما حاول** مرة أخرى. (هي) ← وهي أيضًا **ما حاولت**.

١. أنتِ ما أكلتِ في المطعم الجديد. (نحن)

٢. أنا ما قرأتُ المجلة. (هما)

٣. الرئيس ما بدأ الحديث. (هم)

٤. الوزراء ما اجتمعوا اليوم. (أنتم)

٥. نحن ما ناقشنا المشكلة. (أنتما)

٦. الطلاب ما فهموا الدرس. (أنتن)

٧. هي ما استخدمت المفردات الجديدة. (هن)

٨. أنا ما سألته عن سبب الزيارة. (هم)

٩. نحن ما انتظرناهم كثيرًا. (أنتِ)

١٠. أنتَ ما استخدمتَ هذا القاموس من قبل. (أنتما)

٣) اكتب/اكتبي فقرة عمّا فعلتَ/فعلتِ أمس.

3) Write a paragraph about what you did yesterday.

4) Complete: **٤) أكملوا:**

ماذا فعل عادل يوم الخميس؟

عادل يقول: أمس كان يوم الخميس. خرجت مع أصدقائي ...

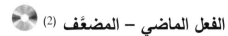

الفعل الماضي – المضعَّف [2]

عَدَّ – يعُدُّ

الضمير	الفعل الماضي	الضمير	الفعل الماضي	الضمير	الفعل الماضي
هو	عَدَّ	أنتَ	عَدَدْتَ	أنا	عَدَدْتُ
هي	عَدَّتْ	أنتِ	عَدَدْتِ	نحن	عَدَدْنا
هما (مذكر)	عَدَّا	أنتما	عَدَدْتُما		
هما (مؤنث)	عَدَّتا				
هم	عَدُّوا	أنتُم	عَدَدْتُم		
هنَّ	عَدَدْنَ	أنتُنَّ	عَدَدْتُنَّ		

١) ضعوا الأفعال التالية في الشكل الصحيح:

1) Put the verbs in the correct form:

١. هل (أنتَ) ________ كل نقودك؟ (عدّ)

٢. (نحن) ________ في مشاهدة التليفزيون حتى الساعة الخامسة. (استمرّ)

٣. (أنا) ________ النقود قبل أن أترك المحل. (عدّ)

٤. هل (أنتِ) ________ على السؤال؟ (ردّ)

٥. كل الأشياء التي في المعرض ________ انتباهنا. (شدّ)

٦. رجال الشرطة ________ في هذا الرجل. (شكّ)

[2] See Appendix 3 for types of verbs in Modern Standard Arabic.

٧. هل (أنتما) _____ للحفلة؟(استعدّ)

٨. (أنا) _____ أن أسافر إلى شرم الشيخ. (أحبّ)

٩. المدرسان _____ في الجامعة حتى الساعة الخامسة. (ظلّ)

١٠. هل (أنتم) _____ الطعام اللازم للحفلة؟ (أعدّ)

١١. هل (أنتَ) _____ أن تذهب معهما؟ (أحبّ)

١٢. هل (أنتِ) _____ الطعام الهندي كما _____ـه أصدقاؤك؟
(أحبّ، أحبّ)

الفعل الماضي – الأجوف [3]

الفعل الأجوف - the hollow verb – is a verb whose root has و or ي in the middle. The chart below shows examples of the different types of Form I hollow verbs. To be able to conjugate these verbs, it is important to memorize both the past and the present tense forms.

ينقسم الوزن الأول Form I إلى ثلاثة أنواع:

- النوع [أ]: قال – يقول
- النوع [ب]: عاش – يعيش
- النوع [ج]: نام – ينام

النوع [أ] قالَ – يَقُول

الضمير	الفعل الماضي	الضمير	الفعل الماضي	الضمير	الفعل الماضي
هو	قالَ	أنتَ	قُلْتَ	أنا	قُلْتُ
هي	قالَتْ	أنتِ	قُلْتِ	نحن	قُلْنا
هما (مذكر)	قالا	أنتما	قُلْتُما		
هما (مؤنث)	قالَتا				
هم	قالوا	أنتُم	قُلْتُم		
هنَّ	قُلْنَ	أنتُنَّ	قُلْتُنَّ		

[3] See Appendix 3 for types of verbs in Modern Standard Arabic.

النوع [ب] عاش – يعيش

الضمير	الفعل الماضي	الضمير	الفعل الماضي	الضمير	الفعل الماضي
هو	عاشَ	أنتَ	عِشْتَ	أنا	عِشْتُ
هي	عاشَتْ	أنتِ	عِشْتِ	نحن	عِشْنا
هما (مذكر)	عاشا	أنتما	عِشْتُما		
هما (مؤنث)	عاشَتا				
هم	عاشُوا	أنتُم	عِشْتُم		
هنَّ	عِشْنَ	أنتُنَّ	عِشْتُنَّ		

النوع [ج] نـامَ – يَنام

الضمير	الفعل الماضي	الضمير	الفعل الماضي	الضمير	الفعل الماضي
هو	نامَ	أنتَ	نِمْتَ	أنا	نِمْتُ
هي	نامَتْ	أنتِ	نِمْتِ	نحن	نِمْنا
هما (مذكر)	ناما	أنتما	نِمْتُما		
هما (مؤنث)	نامَتا				
هم	نامُوا	أنتُم	نِمْتُم		
هنَّ	نِمْنَ	أنتُنَّ	نِمْتُنَّ		

الفعل الأجوف موجود أيضًا في الأوزان التالية:

Hollow verbs also come in the following verb forms:

- الوزن الرابع: أقام – يُقيم
- الوزن السابع: اِنحاز – يَنحاز
- الوزن الثامن: اِختار – يَختار
- الوزن العاشر: اِستفاد – يَستفيد

١) ضعوا الأفعال التالية في الشكل الصحيح:

1) Conjugate the verbs in the correct form:

١. الطالبات _____ في الفصل. (نام)

٢. البنتان _____ كلامًا غريبًا. (قال)

٣. (نحن) _____ في شوارع المدينة حتى الصباح. (سار)

٤. المهندسان _____ أن يكملا المشروع خلال شهرين فقط. (استطاع)

٥. الطلاب _____ في بيت الطلاب. (أقام)

٦. هل (أنتما) _____ سيارتكما؟ (باع)

٧. (أنا) _____ كثيرًا من المحاضرة. (استفاد)

٨. (نحن) _____ من عملنا في الشركة. (استقال)

٩. (أنا) _____ إلى مساعدة زملائي لفهم الدرس. (احتاج)

١٠. (هما مذكر) _____ الذهاب إلى الحفلة بدلاً من السينما. (اختار)

١١. (أنا) _____ أن أسافر إلى الغردقة. (اختار)

١٢. هل (أنتم) _____ من الكلب الكبير؟ (خاف)

١٣. (نحن) _____ المتحف المصري في ميدان التحرير. (زار)

١٤. _____ كل الطلاب في الكافتيريا. (كان)

١٥. هل (أنتِ) ________ من عملك؟ (استقال)

١٦. هل (أنتن) ________ من هذه القصة؟ (استفاد)

١٧. متى (هم) __________ إلى الفصل؟ (جاء)

١٨. (أنا) _________ من عملي في الشركة. (استقال)

١٩. (هما مؤنث) _________ أن تسافرا إلى الغردقة بدلاً من الإسكندرية. (اختار)

٢٠. متى (أنتن) ____________ من الرحلة؟ (عاد)

٢١. هل (أنتم) ________ بعد الرحلة الشاقة؟ (استراح)

٢٢. _________ عندي صداع شديد أمس، فـ________ مبكرًا. (كان/نام)

٢٣. (نحن) __________ لمدة نصف ساعة بين الفصول. (استراح)

٢٤. (أنا) __________ الكتب إلى المكتبة. (أعاد)

٢٥. متى (أنتَ) ___________ عائلتك آخر مرة؟ (زار)

٢) املؤوا الفراغ بالشكل المناسب للفعل الذي بين القوسين: [4]

2) Fill in the blanks with the appropriate form of the verbs between brackets:

(أنا + كان) __________ أقود سيارتي في إحدى الليالي في طريق العودة إلى البيت بعد يوم طويل من العمل. (أنا + كان) __________ متعبًا جدًا لدرجة أنني (نام) __________ وأنا أقود السيارة. لا أعرف ماذا حدث بعد ذلك ولكنني عندما (أفاق) __________ كنت في غرفة في إحدى المستشفيات.

(أنا + وجد) __________ حولي زوجتي وأبي وأمي. (وقف) __________ جميعا حول سريري ينظرون إليّ. (قال)__________ لي إن حادثًا وقع لي عندما (نام) __________ وأنا أقود السيارة. الحمد لله أنني (مازال) __________ حَيًّا.

[4] See Appendix 6 for meanings of vocabulary items if needed.

سألتهم ماذا حدث بعد ذلك.   (قال + هم)   _____ إنّ شخصًا (كان)

_____ يمشي في الشارع وقت الحادث (اتصل) _____ بالإسعاف

الذي (جاء) _____ على الفور وحملني إلى المستشفى.   هناك (وجد)

_____ الممرضة أرقام تليفونات أفراد أسرتي مسجّلة على هاتفي المحمول

ف(اتصل) _____ بهم وحضروا جميعًا.

سألتهم عن حقيبتي التي (كان) _____ معي و(كان) _____ بها ٢٠

ألف جنيه.

يبدو أنّها اختفت تمامًا.

بعد قليل دخل ضابط شرطة وقال لنا إنهم (وجد) _____ حقيبة سوداء عليها

اسمي بجانب سيارتي.

قلت: وماذا فيها؟

قال: عشرون ألف جنيه.

لم أصدق نفسي.   هل أنا فعلاً (استعاد) _____ نقودي؟

٣) اكتبوا فقرة عن الصورة التالية على أن يكون فيها ٣ أفعال مما درستم في هذا الدرس على الأقل:

3) Write a paragraph about the following picture. Use at least 3 hollow verbs:

(بعض الأفعال المقترحة: قام – نام – درس – استعار – أعاد – وصل)

عادل يحكي لنا عن أمس: أمس ما خرجت مع أصدقائي، ولكني جلست في البيت لأدرس ...

الفعل الماضي – الناقص [5]

الفعل الناقص – the defective verb – is a verb whose root ends with و or ي. The chart below shows examples of the types of Form I defective verbs.

ينقسم الوزن الأول Form I إلى ثلاثة أنواع:

- النوع [أ]: دعا – يَدْعُو
- النوع [ب]: قَضَى – يَقْضِي
- النوع [ج]: نَسِيَ – يَنْسَى

النوع [أ] دعا – يَدْعُو

الضمير	الفعل الماضي	الضمير	الفعل الماضي	الضمير	الفعل الماضي
هو	دَعا	**أنتَ**	دَعَوْتَ	**أنا**	دَعَوْتُ
هي	دَعَتْ	**أنتِ**	دَعَوْتِ	**نحن**	دَعَوْنا
هما (مذكر)	دَعَوا	**أنتما**	دَعَوْتُما		
هما (مؤنث)	دَعَتا				
هم	دَعَوْا	**أنتُم**	دَعَوْتُم		
هنَّ	دَعَوْنَ	**أنتُنَّ**	دَعَوْتُنَّ		

[5] See Appendix 3 for types of verbs in Modern Standard Arabic.

النوع [ب] قَضَى – يَقْضِي

الضمير	الفعل الماضي	الضمير	الفعل الماضي	الضمير	الفعل الماضي
هو	قَضَى	أنتَ	قَضَيْتَ	أنا	قَضَيْتُ
هي	قَضَتْ	أنتِ	قَضَيْتِ	نحن	قَضَيْنا
هما (مذكر)	قَضَيا	أنتما	قَضَيْتُما		
هما (مؤنث)	قَضَتْا				
هم	قَضَوْا	أنتُم	قَضَيْتُم		
هنَّ	قَضَيْنَ	أنتُنَّ	قَضَيْتُنَّ		

النوع [ج] نَسِيَ – يَنْسَى

الضمير	الفعل الماضي	الضمير	الفعل الماضي	الضمير	الفعل الماضي
هو	نَسِيَ	أنتَ	نَسِيتَ	أنا	نَسِيتُ
هي	نَسِيَتْ	أنتِ	نَسِيتِ	نحن	نَسِينا
هما (مذكر)	نَسِيَا	أنتما	نَسِيتُما		
هما (مؤنث)	نَسِيَتْا				
هم	نَسُوا	أنتُم	نَسِيتُم		
هنَّ	نَسِينَ	أنتُنَّ	نَسِيتُنَّ		

الفعل المعتل الناقص موجود أيضًا في الأوزان التالية:

Defective verbs also exist in the following forms:

- الوزن الثاني: سَمَّى – يُسَمِّي
- الوزن الثالث: نادَى – يُنادِي
- الوزن الرابع: أعْطَى – يُعْطِي
- الوزن الخامس: تَمَنَّى – يَتَمَنَّى
- الوزن السادس: تَلاقَى – يَتَلاقَى
- الوزن السابع: اِنْقَضَى – يَنْقَضِي
- الوزن الثامن: اِشْتَرَى – يَشْتَرِي
- الوزن العاشر: اِسْتَثْنَى – يَسْتَثْنِي

١) ضعوا الأفعال التالية في الشكل الصحيح:

1) Put the verbs in the correct form:

١. الطالبات ________ عمل الواجب. (نَسِيَ)
٢. البنتان ________ كل أصدقائهما للحفلة. (دعا)
٣. (نحن) ________ في شوارع المدينة حتى الصباح. (مَشَى)
٤. (أنا) ________ ثلاثة أيام في الغردقة. (قَضَى)
٥. هل (أنتما) ________ كل المفردات الجديدة؟ (نَسِيَ)
٦. جميع الرؤساء ________ إلى ضرورة منع وقوع الحرب في المنطقة. (دعا)
٧. (نحن) ________ تمامًا أنه كان في انتظارنا في المطعم. (نَسِيَ)
٨. أين (أنتما) ________ عُطلة نهاية الأسبوع؟ (قَضَى)
٩. (أنا) ________ متأخرًا وخرجت من البيت بدون تناول الإفطار. (صحا)

١٠. (هما مؤنث) _____ الذهاب إلى الحفلة بدلاً من السينما.   (رأى)

١١. هل (أنتم) _____ كل هذا الطعام؟ (اشترى)

١٢. _____ الإجازة دون أن أحقق كل ما أريد. (انقضى)

١٣. (نحن) _____ المدرسة جميع الواجبات المتأخرة. (أعطى)

١٤. منى وكريم _____ ابنهما يوسف. (سمّى)

١٥. كيف (هما مذكر) _____ من الحادث؟ (نجا)

١٦. هل (أنتم) _____ من صعوبة الامتحان؟(شكا)

١٧. هل _____ الحكومة مدارس جديدة؟ (بنى)

١٨. أصدقاؤنا _____ لنا كل ما حدث في الحفلة التي لم نحضرها. (حكى)

١٩. (أنا) _____ كل هذه الصور من قبل. (رأى)

٢٠. هل (أنتَ) _____ني القاموس؟ (أعطى)

٢١. هل (أنتما) _____ المدرسة الجديدة؟ (لَقِيَ)

٢٢. (هي) _____ أصدقائها في الحفلة. (لَقِيَ)

٢٣. لماذا (أنتن) _____ موعد الحفلة؟ (نسي)

٢٤. ذهبنا إلى المتحف حيث _____ باقي الأصدقاء. (لقي)

٢٥. لم أذهب إلى أي مكان أمس، _____ في البيت. (بقي)

٢٦. الطالبان _____ مكان فصل الكتاب الأساسي. (نسي)

٢٧. ما (هم) _____ بهذا الحل. (رضي)

٢٨. _____ الرئيس المصري جميع الرؤساء العرب في المؤتمر. (لقي)

٢٩. (نحن) _____ أن نكتب الواجب. (نسي)

٣٠. (أنتم) _____ أن تكون هناك إجازة قريبة، وحدث هذا بالفعل. (تمنّى)

٣١. (نحن) _____ في الطائرة بالصدفة. (التقى)

٣٢. الأمهات _____ هدايا لأطفالهن بمناسبة الحفلة. (اشترى)

٣٣. هل (أنتن) _____ كل الأصدقاء؟ (دعا)

٣٤. هل (أنتم) _____ معنى هذه الكلمة؟ (نَسِيَ)

٣٥. لماذا (أنتَ) _____ متأخرًا اليوم؟ (صحا)

٢) املؤوا الفراغ بالشكل الصحيح للأفعال التي بين القوسين:

2) Fill in the blanks with the correct form of the verbs between brackets:

عطلتي في واحة سيوة

سافرتُ مع اثنين من أصدقائي الأسبوع الماضي إلى واحة سيوة. (نحن + قضى) _____ هناك ثلاثة أيام جميلة سوف أحدثكم عنها.

في اليوم الأول (نحن + صحا) _____ مبكرين جدًا، وزُرنا معظم المزارات في هذه الواحة. كانت معنا مرشدة سياحية (هي + حكى) _____ لنا معلومات كثيرة عن هذه المزارات. كان هذا في الصباح.

في المساء (أنا + التقى) _____ بأصدقاء آخرين في الفندق وجلسنا معا نتحدّث ونستمتع بالجو الدافئ والهدوء الجميل. أما صديقاي فقد (هما + قضى) _____ المساء (هما + يتمشّى) _____ في الواحة و يتفرّجان على شوارعها وبيوتها.

في اليوم الثاني (أنا + اشترى) _____ هدايا لأسرتي وأصدقائي. (أنا + رأى) _____ هدايا كثيرة وكان الاختيار صعبًا. صديقاي (اشترى) _____ أيضًا هدايا كثيرة، وعندما عُدنا إلى الفندق اكتشفا أنهما (نسي) _____ بعضها في المحل فعادا مرة أخرى وأحضراها.

اليوم الثالث كان اليوم الأخير. قُمنا في الصباح برحلة في الصحراء وفي المساء جهّزنا أنفسنا للعودة. (أنا + أعطى) _____ أصدقائي الذين تعرّفتُ عليهم في الفندق

عنواني، و(هم + أعطى) _____ عناوينهم و(هم + تمنّى) _____

لي ولصديقَيّ رحلة عودة سعيدة.

(انقضى) _____ الأيام الثلاثة بسرعة مثل كل الأيام السعيدة.

٣) اكتبوا فقرة استعملوا فيها على الأقل خمسة من الأفعال التالية في الماضي:

3) Write a paragraph using at least five of the following verbs in the past tense:

> مَشَى – اشترى – التقى – نسي – جرى – دعا – استدعى – صحا – أجرى – بدا

الفصل الرابع

الفعل المضارع

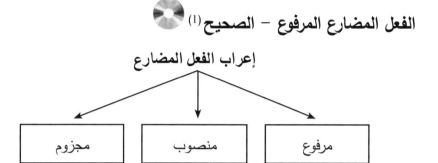

الفعل المضارع المرفوع – الصحيح [1]

إعراب الفعل المضارع

مرفوع	منصوب	مجزوم

المضارع المرفوع	▪ المستقبل (بعد السين وسوف) ▪ الحاضر/المضارع المستمر ▪ بعد لا النافية

علامات رفع الفعل المضارع الصحيح

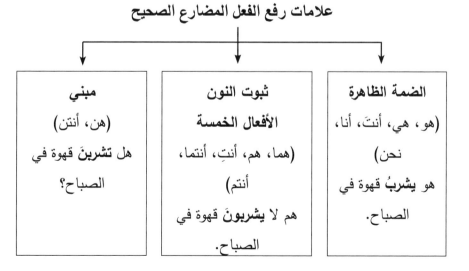

الضمة الظاهرة	ثبوت النون	مبني
(هو، هي، أنتَ، أنا، نحن)	**الأفعال الخمسة** (هما، هم، أنتِ، أنتما، أنتم)	(هن، أنتن)
هو **يشربُ** قهوة في الصباح.	هم لا **يشربونَ** قهوة في الصباح.	هل **تشربنَ** قهوة في الصباح؟

[1] See Appendix 3 for types of verbs in Modern Standard Arabic.

الفعل المضارع السالِم

شَرِبَ – يَشْرَبُ

الضمير	الماضي	المضارع	الضمير	الماضي	المضارع
هو	شَرِبَ	يشرَبُ	**أنتَ**	شَرِبْتَ	تشربُ
هي	شَرِبَتْ	تشرَبُ	**أنتِ**	شَرِبْتِ	تشربينَ
هما (مذكر)	شَرِبا	يشربانِ	**أنتما**	شَرِبْتُما	تشربان
هما (مؤنث)	شَرِبَتا	تشربانِ			
هم	شَرِبوا	يشربونَ	**أنتُم**	شَرِبْتُم	تشربونَ
هنَّ	شَرِبْنَ	يشربْنَ	**أنتُنَّ**	شَرِبْتُنَّ	تشربْنَ

الضمير	الماضي	المضارع
أنا	شَرِبْتُ	أشربُ
نحن	شَرِبْنا	نشربُ

الفعل المضارع المهموز

أَكَلَ – يأْكُلُ

الضمير	الماضي	المضارع	الضمير	الماضي	المضارع
هو	أَكَلَ	يَأْكُلُ	**أنتَ**	أَكَلْتَ	تَأكُلُ
هي	أَكَلَتْ	تَأْكُلُ	**أنتِ**	أَكَلْتِ	تَأكُلينَ

هما (مذكر)	أَكَلا	يَأْكُلانِ	**أنتما**	أَكَلْتُما	تَأكُلانِ
هما (مؤنث)	أَكَلَتا	تَأْكُلانِ			
هم	أَكَلوا	يَأْكُلونَ	**أنتم**	أَكَلْتُم	تَأكُلونَ
هنَّ	أَكَلْنَ	يَأْكُلْنَ	**أنتُنَّ**	أَكَلْتُنَّ	تَأكُلْنَ

الضمير	**الماضي**	**المضارع**
أنا	أَكَلْتُ	آكُلُ
نحن	أَكَلْنا	نَأكُلُ

قَرأ - يَقرأُ

الضمير	**الماضي**	**المضارع**	**الضمير**	**الماضي**	**المضارع**
هو	قَرأ	يَقرأُ	**أنتَ**	قَرأتَ	تَقرأُ
هي	قَرأتْ	تَقرأُ	**أنتِ**	قَرأتِ	تَقرئينَ
هما (مذكر)	قَرآ	يَقرآنِ	**أنتما**	قَرأتُما	تَقرآنِ
هما (مؤنث)	قَرأتا	تَقرآنِ			
هم	قَرؤوا	يَقرؤونَ	**أنتُم**	قَرأتُم	تَقرؤونَ
هنَّ	قَرأنَ	يَقرأنَ	**أنتُنَّ**	قَرأتُنَّ	تَقرأنَ

الضمير	الماضي	المضارع
أنا	قَرأتُ	أقرأُ
نحن	قرأنا	نَقرأُ

الفعل المضارع المضعّف

عَدَّ - يَعُدُّ

الضمير	الماضي	المضارع	الضمير	الماضي	المضارع
هو	عَدَّ	يَعُدُّ	أنتَ	عَدَدْتَ	تَعُدُّ
هي	عَدَّتْ	تَعُدُّ	أنتِ	عَدَدْتِ	تَعُدِّينَ
هما (مذكر)	عَدَّا	يَعُدّانِ	أنتما	عَدَدْتُما	تَعُدّانِ
هما (مؤنث)	عَدَّتا	تَعُدّانِ			
هم	عَدُّوا	يَعُدُّونَ	أنتُم	عَدَدْتُم	تَعُدُّونَ
هنَّ	عَدَدْنَ	يَعْدُدْنَ	أنتُنَّ	عَدَدْتُنَّ	تَعْدُدْنَ

الضمير	الماضي	المضارع
أنا	عَدَدْتُ	أَعُدُّ
نحن	عَدَدْنا	نَعُدُّ

١) حولوا من الماضي إلى المضارع، مع استعمال الظروف المناسبة:

1) Change from the past tense to the present tense using appropriate time expressions:

الآن	كلَّ يوم	كلَّ صباح	كلَّ مساء	عادةً	أحيانًا	دائمًا

١. الطلاب الجدد تعارفوا في الفصل.

٢. وزراء الخارجية بدؤوا اجتماعهم.

٣. الطلاب قرؤوا رواية كاملة.

٤. هل سمعتم الأخبار؟

٥. هل أكلتَ في المطعم الجديد؟

٦. متى خرجتِ من بيت الطلاب؟

٧. المحاضرة بدأت في الساعة السابعة.

٨. أحببتُ الحياة في مصر.

٩. شعرنا بالسعادة لنجاحنا في الامتحان.

١٠. هل سافرن إلى شرم الشيخ؟

١١. أحمد وليلى قرآ الجريدة هذا الصباح.

١٢. أخذت المدرسة كل الواجبات.

١٣. هل أعجبكَ الطعام المصري؟

١٤. هل فهمتم الدرس؟

١٥. متى بدأتما دراسة اللغة العربية؟

١٦. ماذا تعلّموا في هذا الفصل؟

٢) ضعوا الأفعال التالية في الشكل الصحيح:

2) Conjugate the verbs in the correct form:

١. (نحن) سـ__________ إلى شرم الشيخ في العطلة القادمة. (سافر)

٢. لا __________ أن أتكلم معهم. (أحبّ)

٣. (أنا) __________ مقالة جديدة كل يوم. (قرأ)

٤. أين (أنتِ) __________ الغداء عادةً؟ (تناول)

٥. (أنا) سـ__________ معي رواية جديدة عندما أسافر غدًا. (أخذ)

٦. (هما مذكر) __________ إلى المدرسة في هذا الوقت عادةً. (ذهب)

٧. لا __________ في أن ندرس أي شيء الآن. (رغب)

٨. أصدقاؤه لا _____ خطّه لأنه سيّىء جدًا. (قرأ)

٩. (هو) لا _____ أن يكتب بشكل أحسن أبدًا. (حاول)

١٠. (نحن) سوف _____ بعد أسبوع من الرحلة. (رجع)

١١. (أنا) لا _____ هذه المقالة. (فهم)

١٢. عادة لا _____ الفصول قبل الساعة التاسعة صباحًا. (بدأ)

١٣. هل (أنتِ) _____ في نفس الشركة منذ تخرُّجكِ؟ (عمل)

١٤. (أنا) سـ_____ غدًا في المطعم الجديد. (أكل)

١٥. (أنا) لا _____ معنى هذه الكلمة. (عرف)

١٦. (هم) _____ إلى الفصل في الموعد المحدد تمامًا. (حضر)

١٧. (نحن) _____ إلى الإسكندرية كل يوم خميس. (سافر)

١٨. متى (أنتم) _____ في عمل الواجبات؟ (بدأ)

١٩. لماذا (أنتما) لا _____ بعد الظهر؟ (تقابل)

٢٠. متى (هما مؤنث) سـ_____ إلى أمريكا؟ (رجع)

٣) اكتب/اكتبي فقرة عمّا تفعله/تفعلينه عادة في يوم دراسي عادي.

3) Write a paragraph about what you usually do on a regular school day.

_____

_____

_____

_____

_____

4) Describe the pictures:

٤) صفوا الصور:

عادل يتحدث عن عطلة نهاية الأسبوع.

كيف أقضي هذه العطلة؟

٥) اكتبوا فقرة عن ما يلي: **5) Write a paragraph about the following:**

عادات سيئة: اكتبوا عن شخص تعرفونه. ما هي بعض عاداته السيئة؟

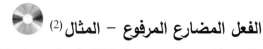

الفعل المضارع المرفوع - المثال[2]

As mentioned earlier, الفعل المثال is the verb of which the root starts with و . In the case of Form I مثال, this و is dropped in the present tense, e.g.:

وَصَل - يَصِل　　　　وَقَف - يَقِف　　　　وَعَد - يَعِد

وَصَلَ - يَصِلُ

الضمير	الماضي	المضارع	الضمير	الماضي	المضارع
هو	وَصَلَ	يَصِلُ	أنتَ	وَصَلْتَ	تَصِلُ
هي	وَصَلَتْ	تَصِلُ	أنتِ	وَصَلْتِ	تَصِلِين
هما (مذكر)	وَصَلا	يَصِلانِ	أنتما	وَصَلْتُما	تَصِلان
هما (مؤنث)	وَصَلَتا	تَصِلانِ			
هم	وَصَلُوا	يَصِلُون	أنتُم	وَصَلْتُم	تَصِلون
هنَّ	وَصَلْنَ	يَصِلْنَ	أنتُنَّ	وَصَلْتُنَّ	تَصِلْنَ

الضمير	الماضي	المضارع
أنا	وَصَلْتُ	أَصِلُ
نحن	وَصَلْنا	نَصِلُ

[2] See Appendix 3 for types of verbs in Modern Standard Arabic.

٢) حولوا من الماضي إلى المضارع:

2) Change from the past tense to the present tense:

١. وقفنا ساعة في إشارة المرور بسبب الزحام الشديد.

٢. هل وصفتِ لهم عنوان البيت؟

٣. وعدت الأستاذة بتسهيل الامتحان.

٤. الطلاب وصلوا إلى الفصل متأخرين.

٥. هل وجدتم شقة مناسبة بإيجار معقول؟

٦. لماذا وضعتما ملحًا كثيرًا في الطعام؟

٧. لماذا وقفوا الآن؟

٨. الطالبان وصفا شقتهما للطلاب الآخرين.

٩. صديقتي وصفت لي طريقة عمل الكشري.

١٠. وصلت طائرة الرئيس الآن.

١١. هل وجدتَ الكتاب الذي كنت تبحث عنه؟

١٢. هل وضعتم كل شيء في مكانه؟

١٣. وضعت كل الفاكهة في الثلاجة بسبب الحر.

١٤. أخيرًا وجدوا المسروقات كلها.

١٥. وعد بأن يرسل لي خطابًا كل يوم.

٣) ضعوا الأفعال في الشكل الصحيح:

3) Put the verbs in the correct form:

١. (أنا) سوف _____ أمام الفصل. (وقف)

٢. هل (أنتم) _____ معنى الكلمة في القاموس؟ (وجد)

٣. _____ المدرسة في الفصل أمام الطلاب كل يوم. (وقف)

٤. كريم وإبراهيم ـــــــــــــــــ الواجبات على المكتب. (وضع)

٥. الرئيس السوري ـــــــــــــــــ إلى القاهرة غداً. (وصل)

٦. شادي ـــــــــــــــــ بأن يحضر في موعد الفصل كل يوم. (وعد)

٧. أين ســـــــــــــــــ وظيفة جديدة يا مريم؟ (وجد)

٨. (أنا) سوف ـــــــــــــــــ إلى بيتي في الساعة الثالثة. (وصل)

٩. هل ـــــــــــــــــ يوسف في الفصل الآن؟ (وقف)

١٠. متى ســـــــــــــــــ إلى بيتك يا هشام؟ (وصل)

١١. ـــــــــــــــــ ليبيا غرب مصر. (وقع)

١٢. هل (أنتما) ـــــــــــــــــ الكلمة في القاموس؟ (وجد)

١٣. الجامعة الأمريكية ـــــــــــــــــ في ميدان التحرير. (وقع)

١٤. متى (أنتم) سـ ـــــــــــــــــ إلى بيت هبة؟ (وصل)

١٥. هل ـــــــــــــــــ المدرس إلى الفصل أم لا؟ (وصل)

١٦. يا أمينة لماذا ـــــــــــــــــ أمام مكتب المديرة؟ (وقف)

١٧. ليلى ومريم ـــــــــــــــــ في الفصل. (وقف)

١٨. أين ـــــــــــــــــ القاهرة؟ (وقع)

١٩. سوف ـــــــــــــــــ الورقة على الأرض. (وقع)

٢٠. الطلاب ـــــــــــــــــ القهوة على المكتب. (وضع)

٤) صرفوا الأفعال التالية مع الضمائر التي بين القوسين واستعملوها في جمل:

4) Conjugate the following verbs with the pronouns between brackets and use them in sentences:

١. يجِد (نحن)

٢. يصِل (هم)

٣. يقِف (أنتم)

٤. يزِن (أنتَ)

٥. يصِف (هما)

٦. يضَع (أنتما)

٧. يقَع (هي)

٨. يعِد (هما)

٩. يجِد (أنا)

١٠. يضَع (أنتَ)

الفعل المضارع المرفوع – الأجوف [3]

ينقسم الوزن الأول من الفعل الأجوف Form I إلى ثلاثة أنواع:

- النوع [أ]: قال – يقول
- النوع [ب]: عاش – يعيش
- النوع [ج]: نام – ينام

النوع [أ]: قال – يقول

الضمير	الماضي	المضارع	الضمير	الماضي	المضارع
هو	قالَ	يَقُولُ	**أنتَ**	قُلْتَ	تَقُولُ
هي	قالَتْ	تَقُولُ	**أنتِ**	قُلْتِ	تَقُولِينَ
هما (مذكر)	قالا	يَقُولانِ	**أنتما**	قُلْتُما	تَقُولانِ
هما (مؤنث)	قالَتا	تَقُولانِ			
هم	قالُوا	يَقُولُون	**أنتُم**	قُلْتُم	تَقُولُونَ
هنَّ	قُلْنَ	يَقُلْنَ	**أنتُنَّ**	قُلْتُنَّ	تَقُلْنَ

الضمير	الماضي	المضارع
أنا	قُلْتُ	أَقُولُ
نحن	قُلْنا	نَقُولُ

[3] See Appendix 3 for types of verbs in Modern Standard Arabic.

النوع [ب]: عاش - يَعِيشُ

الضمير	الماضي	المضارع	الضمير	الماضي	المضارع
هو	عاشَ	يَعِيشُ	أنتَ	عِشْتَ	تَعِيشُ
هي	عاشَتْ	تَعِيشُ	أنتِ	عِشْتِ	تَعِيشين
هما (مذكر)	عاشا	يَعِيشان	أنتما	عِشْتُما	تَعِيشان
هما (مؤنث)	عاشَتا	تَعِيشان			
هم	عاشُوا	يَعِيشون	أنتُم	عِشْتُم	تَعِيشون
هنَّ	عِشْنَ	يَعِشْنَ	أنتُنَّ	عِشْتُنَّ	تَعِشْنَ

الضمير	الماضي	المضارع
أنا	عِشْتُ	أَعِيشُ
نحن	عِشْنا	نَعِيشُ

النوع [ج]: نامَ - ينامُ

الضمير	الماضي	المضارع	الضمير	الماضي	المضارع
هو	نامَ	يَنامُ	أنتَ	نِمْتَ	تَنامُ
هي	نامَتْ	تَنامُ	أنتِ	نِمْتِ	تَنامينَ
هما (مذكر)	ناما	يَنامانِ	أنتما	نِمْتُما	تَنامانِ
هما (مؤنث)	نامَتا	تَنامانِ			

هم	ناموا	يَنامونَ	**أنتُم**	نِمْتُم	تَنامونَ
هنَّ	نِمْنَ	يَنَمْنَ	**أنتُنَّ**	نِمْتُنَّ	تَنَمْنَ

الضمير	**الماضي**	**المضارع**
أنا	نِمْتُ	أنامُ
نحن	نِمْنا	نَنامُ

الفعل الأجوف موجود أيضا في الأوزان التالية:

Hollow verbs also come in the following verb forms:

- الوزن الرابع: أقام – يُقيمُ
- الوزن السابع: اِنحازَ – يَنحازُ
- الوزن الثامن: اختارَ – يَختارُ
- الوزن العاشر: اِستفادَ – يَستفيدُ

١) حولوا من الماضي إلى المضارع:

1) Change from the past tense to the present tense:

١. كنتُ في الجامعة في الساعة الثامنة صباحًا.
٢. أنا وأصدقائي عدنا من الرحلة أمس.
٣. أردتُ أن أسافر غدًا.
٤. متى كنتَ في البيت؟
٥. هل عشتِ في مصر لمدة سنتين؟
٦. قلتُ للمديرة إني مريض.

٧. هل أعدتم الكتب إلى المكتبة؟

٨. عاشوا في مصر لمدة سنتين.

٩. متى استقال الوزير من منصبه؟

١٠. هل استفدتم من هذا الفصل؟

١١. هل زرتِ المتحف المصري؟

١٢. أشار الرئيس في خطابه إلى خطورة الوضع السياسي.

١٣. الوزيران عادا من جولتهما اليوم.

١٤. هل قلت إنك ستسافر غدًا؟

٢) صرفوا الأفعال في الزمن المضارع المرفوع:

2) Conjugate the verbs in the present tense:

١. (أنا) _____ في البيت في الساعة السادسة مساءً. (كان)

٢. هل (أنتما) _____ من هذا الرجل؟ (خاف)

٣. (نحن) _____ الحقيقة دائمًا. (قال)

٤. كيف (أنتَ) _____ في الفصل؟ (نام)

٥. (هي) _____ موجودة في الفصل قبل الطلاب الآخرين. (كان)

٦. متى (أنتما) _____ الكتب إلى المكتبة؟ (أعاد)

٧. (هو) سـ_____ من عمله. (استقال)

٨. (نحن) سوف _____ الآن. (استراح)

٩. (هما مؤنث) _____ كثيرا من دراستهما. (استفاد)

١٠. هل (هما مذكر) _____ من الكلاب؟ (خاف)

١١. في أي ساعة (أنتِ) _____ ؟ (نام)

١٢. (نحن) سـ_____ الأقصر الأسبوع القادم. (زار)

١٣. هل (أنتَ) سـ__________ معنا إلى المطعم؟ (سار)

١٤. (هم) __________ في القاهرة منذ شهرين. (أقام)

١٥. (هما مذكر) __________ من هذا الفصل جدًا. (استفاد)

١٦. (أنا) سوف __________ كل شيء للمديرة. (قال)

١٧. (هو) لا __________ وقتًا كافيًا. (استراح)

١٨. (هن) __________ مقابلة الرئيس. (أراد)

١٩. هل (أنتِ) __________ من عملك في هذه الشركة؟ (استفاد)

٢٠. هل (هو) سـ__________ غدًا؟ (عاد)

٣) صرفوا الأفعال التالية مع الضمائر التي بين القوسين واستعملوها في جمل:

3) Conjugate the following verbs with the pronouns between brackets and use them in sentences:

١. ينام (نحن)

٢. يخاف (هم)

٣. يستفيد (أنتم)

٤. يريد (أنتَ)

٥. يعيش (هما)

٦. يفوز (أنتما)

٧. يقول (هي)

٨. يستريح (هما)

٩. يُعيد (أنا)

١٠. يستعيد (أنتَ)

الفعل المضارع المرفوع – الناقص [4]

علامات رفع الفعل المضارع الناقص

الضمة المقدرة

(هو، هي، أنتَ، أنا، نحن)

هو **يشتري** طعامًا كثيرًا للحفلة.

ثبوت النون

الأفعال الخمسة

(هما، هم، أنتِ، أنتما، أنتم)

سوف **يدعون** أصدقاءهم إلى الحفلة.

مبني

(هن، أنتن)

هن لا **ينسَيْنَ** الواجبات أبدًا.

دَعا – يدعو

الضمير	الماضي	المضارع	الضمير	الماضي	المضارع
هو	دعا	يدعُو	أنتَ	دَعَوْتَ	تدعُو
هي	دعَتْ	تدعُو	أنتِ	دَعَوْتِ	تدعِينَ
هما (مذكر)	دَعَوَا	يدعُوانِ	أنتما	دَعَوْتُما	تدعُوان
هما (مؤنث)	دَعَتا	تدعُوانِ			
هم	دَعَوْا	يدعُونَ	أنتُم	دَعَوْتُم	تدعُونَ
هنَّ	دَعَوْنَ	يدعُونَ	أنتُنَّ	دَعَوْتُنَّ	تدعُونَ

الضمير	الماضي	المضارع
أنا	دَعَوْتُ	أدعُو

[4] See Appendix 3 for types of verbs in Modern Standard Arabic.

نحن	دَعَوْنا	ندعُو

أعطَى - يُعْطِي

الضمير	الماضي	المضارع	الضمير	الماضي	المضارع
هو	أعطى	يُعطِي	**أنتَ**	أعطَيْتَ	تُعطِي
هي	أعطَتْ	تُعطي	**أنتِ**	أعطَيْتِ	تُعطِين
هما (مذكر)	أعطَيا	يُعطِيان	**أنتما**	أعطَيْتما	تُعطِيان
هما (مؤنث)	أعطَتا	تُعطِيان			
هم	أعطَوْا	يُعطُون	**أنتُم**	أعطَيْتُم	تُعطُون
هنَّ	أعطَيْنَ	يُعطِين	**أنتُنَّ**	أعطَيْتُنَّ	تُعطِين

الضمير	الماضي	المضارع
أنا	أعطَيْتُ	أُعطِي
نحن	أعطَيْنا	نُعطِي

نَسِي - ينسَى

الضمير	الماضي	المضارع	الضمير	الماضي	المضارع
هو	نَسِيَ	يَنْسَى	**أنتَ**	نَسِيتَ	تَنْسَى
هي	نَسِيَتْ	تَنْسَى	**أنتِ**	نَسِيتِ	تَنْسَيْن

هما (مذكر)	نَسِيَا	يَنْسَيان	أنتما	نَسِيتُما	تَنْسَيان
هما (مؤنث)	نَسِيَتا	تَنْسَيان			
هم	نَسُوا	يَنْسَوْن	أنتُم	نِسِيتُم	تَنْسَوْن
هنَّ	نَسِينَ	يَنْسَيْن	أنتُنَّ	نَسِيتُنَّ	تَنْسَيْن

الضمير	الماضي	المضارع
أنا	نَسِيتُ	أَنْسَى
نحن	نَسِينا	نَنْسَى

١) حولوا من الماضي إلى المضارع:

1) Change from the past tense to the present tense:

١. صحوتُ اليوم في الساعة السابعة صباحًا.

٢. أنا وأصدقائي التقينا في المطعم بعد انتهاء الدراسة.

٣. اشتروا هذه الهدايا من خان الخليلي.

٤. ألقت الأستاذة محاضرة في المؤتمر.

٥. هل نسيتِ مفتاح البيت مرة أخرى؟

٦. هل مشيتُم في هذا الشارع من قبل؟

٧. التقى الرئيس بأعضاء الوفد الزائر.

٨. رجونا الأستاذة أن تؤجل الامتحان.

٩. الطلاب شكَوا من صعوبة الامتحان.

١٠. بنت الحكومة هذا المستشفى لخدمة الفقراء.

١١. أعطوا كل الواجبات للمدرسة.

١٢. جرَينا وراء السارق حتى أمسكناه.

١٣. متى اشتريتم هذه السيارة؟

١٤. أين أمضَوا الإجازة الماضية؟

١٥. هذان الصحفيان أجريا حوارًا مع الرئيس.

٢) صرفوا الأفعال في الزمن المضارع المرفوع:

2) Conjugate the verbs in the present tense:

١. (هم) ــــــــــــــــــ كل شيء من هذا المحل. (اشترى)

٢. لا أعرف لماذا ــــــــــــــــــ المفردات دائمًا. (نسي)

٣. هل (أنتم) ــــــــــــــــــ الواجبات للمدرسة كل يوم؟ (أعطى)

٤. هل (أنتِ) ــــــــــــــــــ كل أصدقائك إلى الحفلة؟ (دعا)

٥. (أنا) لا ــــــــــــــــــ في الساعة السادسة صباحًا. (صحا)

٦. ماذا (أنتم) ــــــــــــــــــ الآن؟ (اشترى)

٧. ــــــــــــــــــ الرئيس خطابه غدًا. (ألقى)

٨. أين (أنتما) ــــــــــــــــــ الإجازة القادمة؟ (قضى)

٩. هل (أنتن) ــــــــــــــــــ في الحفلة؟ (التقى)

١٠. (أنا) لا ــــــــــــــــــ كل المفردات. (نسي)

١١. (نحن) ــــــــــــــــــ أسبوعًا في أسوان. (قضى)

١٢. هل (أنتِ) ــــــــــــــــــ كلامي؟ (نسي)

١٣. لماذا(أنتما) لا ــــــــــــــــــ بعض الوقت هناك؟ (قضى)

١٤. الرئيسان ــــــــــــــــــ إلى حل عاجل للمشكلة. (دعا)

١٥. الصحفيون سوف ــــــــــــــــــ حوارًا مع الرئيس بعد المؤتمر. (أجرَى)

١٦. متى (أنتما) ــــــــــــــــــ بأصدقائكما؟ (التقى)

١٧. من أين (أنتم) _____ هذا الطعام؟ (اشترى)

١٨. الطلاب لا _____ المفردات الجديدة. (نسي)

١٩. كل الناس _____ من ازدحام المرور في القاهرة. (شكا)

٢٠. سوف _____ الحكومة مساكن شعبية للفقراء. (بنى)

٣) اكتبوا فقرة عن الصورة التالية. استعملوا الكلمات التي بين القوسين:

3) Write a paragraph about the following picture. Use the words between brackets:

ماذا يفعل عادل في المحاضرة؟

(يجلس في ... – يفكر – يتمنّى أن ... – القارب – يصطاد ...)

الفعل المضارع المنصوب

تذكروا:

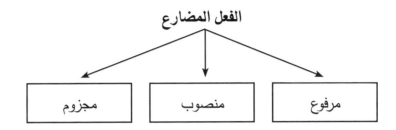

الفعل المضارع

- مرفوع
- منصوب
- مجزوم

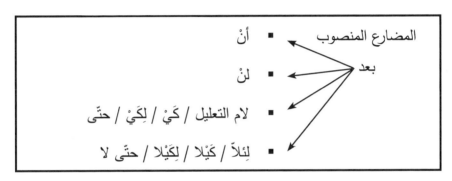

المضارع المنصوب

بعد

- أنْ
- لنْ
- لام التعليل / كَيْ / لِكَيْ / حتّى
- لِئلاّ / كَيْلا / لِكَيْلا / حتّى لا

علامات نصب الفعل المضارع

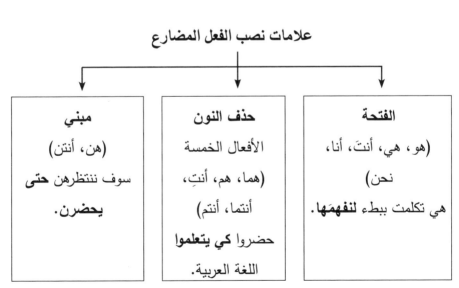

الفتحة	**حذف النون**	**مبني**
(هو، هي، أنتَ، أنا، نحن) هي تكلمت ببطء **لنفهمَها**.	الأفعال الخمسة (هما، هم، أنتِ، أنتما، أنتم) حضروا **كي يتعلموا** اللغة العربية.	(هن، أنتن) سوف ننتظرهن **حتى يحضرن**.

شَرِبَ - يَشْرَبُ

الضمير	الماضي	المضارع المرفوع	المضارع المنصوب
هو	شَرِبَ	يشرَبُ	يشرَبَ
هي	شَرِبَتْ	تشرَبُ	تشرَبَ
هما (مذكر)	شَرِبا	يشربان	يشربا
هما (مؤنث)	شَرِبَتا	تشربان	تشربا
هُمْ	شَرِبوا	يشربون	يشربوا
هُنَّ	شَرِبْنَ	يشربن	يشربن
أنتَ	شَرِبْتَ	تشربُ	تشربَ
أنتِ	شَرِبْتِ	تشربين	تشربي
أنتما	شَرِبْتُما	تشربان	تشربا
أنتم	شَرِبْتُم	تشربون	تشربوا
أنتُنَّ	شَرِبْتُنَّ	تشربن	تشربن
أنا	شَرِبْتُ	أشربُ	أشربَ
نحنُ	شَرِبْنا	نشربُ	نشربَ

١) اكتبوا الفعل الذي بين القوسين في الشكل الصحيح:

1) Conjugate the verb between brackets in the correct form:

١. (نحن) لن __________ إلى شرم الشيخ في العطلة القادمة. (سافر)

٢. (أنتِ) يجب أن __________ مقالة جديدة كل يوم. (قرأ)

٣. (أنتَ) يجب أن __________ إلى الجامعة مبكرًا. (وصل)

٤. أريد أن __________ الغداء معهم بعد ساعة. (تناول)

٥. (أنتم) من الأفضل أن __________ إلى البيت قبل الساعة الواحدة. (رجع)

٦. لا يريدون أن __________ أي شيء الآن. (درس)

٧. يحاولان أن __________ المقالة. (فهم)

٨. هل نسيتم أن __________ الرسالة؟ (أرسل)

٩. (أنا) ليس من المستحيل أن __________ هذه اللغة. (تعلّم)

١٠. متى تريدون أن __________؟ (أكل)

١١. يجب (أنتم) ألاّ __________ من الامتحانات. (خاف)

١٢. أريد أن __________ لـ__________ بعد هذا اليوم الطويل. (نام، استراح)

١٣. لن (أنتم) __________ إلى كل هذه الملابس في الرحلة. (احتاج)

١٤. أحاول ألاّ __________ إلى التدخين مرة أخرى. (عاد)

١٥. (هما مؤنث) لن __________ إلى البيت الآن. (رجع)

١٦. هل تريدون أن __________ الآن؟ (نام)

١٧. نامَت مبكرًا حتى __________ في الساعة السادسة صباحًا. (صحا)

١٨. ليس من المفروض أنْ __________ (أنتم) المفردات الجديدة. (نسي)

١٩. هل تحبين أنْ __________ (أنتِ) أشياء غالية؟ (اشترى)

٢٠. ألن __________ (أنتما) العطلة في شرم الشيخ؟ (قضى)

٢) أجيبوا بـ 'لا' على الأسئلة التالية:

2) Answer the following questions using 'no':

١. هل سيشترك الطلاب في الحفل؟

٢. هل ستشربان قهوتكم الآن؟

٣. هل ستخرجون الليلة؟

٤. هل سيستمع الطلاب إلى نشرة الأخبار مرة أخرى؟

٥. هل سيذهبان إلى السينما الليلة؟

٦. هل سيوقّع الرؤساء المعاهدة؟

٧. هل سيعمل الطلاب كل هذه الواجبات؟

٨. هل ستحتاج إلى القاموس الآن؟

٩. هل سيقيمان في القاهرة طويلاً؟

١٠. هل ستنسَين الواجب مرة أخرى؟

٣) أجيبوا على الأسئلة التالية واستعملوا الفعل الذي بين القوسين كما في المثال:

3) Answer the following questions using the verbs between brackets as in the example:

مثال: – لماذا جاء هؤلاء الطلاب إلى مصر؟   (يدرس)

– هؤلاء الطلاب جاؤوا إلى مصر ليدرسوا اللغة العربية.

١. لماذا صحوتم من النوم مبكرًا؟   (ذهب)

٢. لماذا تمشي الآن؟   (أحضر)

٣. لماذا يذهب الطلاب إلى الكافيتريا بعد الفصل؟   (يشرب ويأكل)

٤. لماذا اشتريتم كل هذه الأقلام؟   (يكتب)

٥. لماذا تنتظر هنا؟   (يقابل)

٦. لماذا تجلسين في البلكونة؟ (يشاهد)

٧. لماذا حضر الرئيس اليوم؟ (يستقبل)

٨. لماذا اشترى أحمد وليلى سيارة جديدة؟ (يذهب)

٩. لماذا يستمع الطلاب إلى نشرة الأخبار؟ (يحسّن)

١٠. لماذا تجلسان في الحديقة بين الفصول؟ (نتكلّم)

٤) أكملوا الجمل التالية. استعملوا الفعل الذي بين القوسين:

4) Complete the following sentences using the verbs between brackets:

١. كل هؤلاء الصحفيين حضروا لكي __________. (أجرى)

٢. يريد أصدقائي أن __________. (التقى بـ)

٣. هل تحبّون أن __________. (قضَى)

٤. بعد تفكير طويل، قرّرتُ ألاّ __________. (اشترى)

٥. ذهب الطالبان إلى مكتب الأستاذ لـ__________. (أعطَى)

٦. لبست ملابس جديدة حتى __________. (بدا)

٧. هل تريدين أن __________. (وصل)

٨. سوف نحاول أن __________. (أعاد)

٩. تفضَّل هذه النقود حتى __________. (أعطى)

١٠. هل تريدون أن __________. (كتب)

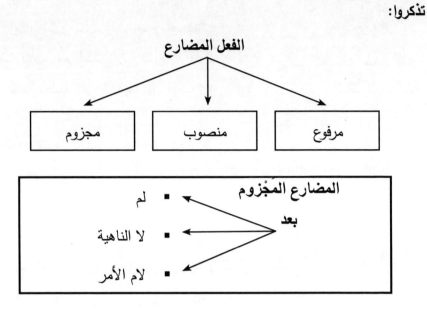

الفعل المضارع المجزوم – الصحيح [5]

تذكروا:

الفعل المضارع

مرفوع	منصوب	مجزوم

المضارع المجْزوم

بعد

- لم
- لا الناهية
- لام الأمر

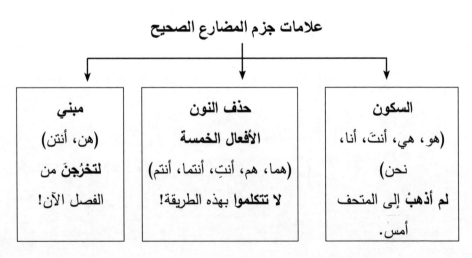

علامات جزم المضارع الصحيح

السكون	حذف النون	مبني
(هو، هي، أنتَ، أنا، نحن)	**الأفعال الخمسة** (هما، هم، أنتِ، أنتما، أنتم)	(هن، أنتن)
لم أذهبْ إلى المتحف أمس.	**لا تتكلموا** بهذه الطريقة!	**لتخرُجنَ** من الفصل الآن!

[5] See Appendix 3 for types of verbs in Modern Standard Arabic.

شَرِبَ - يَشْرَبُ

الضمير	الماضي	المضارع المرفوع	المضارع المنصوب	المضارع المجزوم
هو	شَرِبَ	يشرَبُ	يشرَبَ	يشرَبْ
هي	شَرِبَتْ	تشرَبُ	تشرَبَ	تشرَبْ
هما (مذكر)	شَرِبا	يشربان	يشربا	يشربا
هما (مؤنث)	شَرِبَتا	تشربان	تشربا	تشربا
هُمْ	شَرِبوا	يشربون	يشربوا	يشربوا
هُنَّ	شَرِبْنَ	يشربن	يشربن	يشربن
أنتَ	شَرِبْتَ	تشربُ	تشربَ	تشربْ
أنتِ	شَرِبْتِ	تشربين	تشربي	تشربي
أنتما	شَرِبْتُما	تشربان	تشربا	تشربا
أنتم	شَرِبْتُم	تشربون	تشربوا	تشربوا
أنتُنَّ	شَرِبْتُنَّ	تشربن	تشربن	تشربن
أنا	شَرِبْتُ	أشربُ	أشربَ	أشربْ
نحنُ	شَرِبْنا	نشربُ	نشربَ	نشربْ

١) اكتبوا الفعل الذي بين القوسين في الشكل الصحيح:

1) Conjugate the verb between brackets in the correct form:

١. (نحن) لم _____ إلى شرم الشيخ في العطلة الماضية. (سافر)

٢. لم _____ أن أتكلم عن هذا الموضوع. (حاول)

٣. (أنتم) لا _____ هذا الطعام! إنه ليس لذيذًا. (أكل)

٤. ألم _____ (أنا) لكما رسالة الأسبوع الماضي؟ (كتب)

٥. من فضلكم لا _____ عن موعد الفصل! (تأخّر)

٦. (أنتِ) لا _____ أي أحد بهذا الموضوع! (أخبر)

٧. (نحن) لم _____ هذا الدرس بعد. (درس)

٨. ألم _____ (أنتن) أي شيء من المقالة؟ (فهم)

٩. (هما مؤنث) لم _____ صديقاتهما منذ وقت طويل. (قابل)

١٠. ألم _____ (أنتما) إلى هذا المكان أبدًا؟ (ذهب)

١١. ألم _____ أن تقرئي هذه الرسالة؟ (حاول)

١٢. لا _____ (أنتم) الشباك الآن! (فتح)

١٣. (أنا) لم _____ الاشتراك في الرحلة بعد. (قرّر)

١٤. لـ _____ (نحن) المباراة معًا. (شاهد)

١٥. ألم _____ (أنتما) سؤاله؟ (فهم)

١٦. من الواضح أنه لم _____ أن يفهمها أبدًا. (حاول)

١٧. لا _____ (أنتِ) في هذا المطعم! فهو ليس نظيفًا. (أكل)

١٨. لم _____ بعض المدرسين إلى الاجتماع. (حضر)

١٩. ألم _____ (أنتما) إلى الإسكندرية؟ (سافر)

٢٠. ألم _____ (هم) أنّ عندنا إجازة الأسبوع القادم؟ (عرف)

٢) أكملوا الفقرة التالية كما في المثال:

2) Complete the following paragraph as in the example:

أنتَ تسكُن في بيت الطلاب. اليوم جاء طالب جديد ليسكن معك وتريد أن تقول له على الأشياء التي يجب ألا يفعلها لكي لا يضايقك. استعمل **لا الناهية:**

مثلاً: لا + فتح ← **لا تفتحْ** هذا الشباك. لا أحب ضوضاء السيارات في الشارع.

١. لا + سمع

٢. لا + جلس

٣. لا + أحضر

٤. لا + رجع

٥. لا + استعمل

٦. لا + وقف

هل هناك أشياء أخرى لا تريد من زميلك أن يفعلها؟ اكتب ثلاثة أشياء على الأقل.

٣) أكملوا الفقرة التالية:

3) Complete the following paragraph:

كانت نتيجتك في الامتحان الماضي سيئة جدًا (D–). أنت الآن تجلس مع نفسك وتفكر لماذا حصلت على هذه النتيجة. ما هي الأشياء التي **لم تفعلها؟**

١. (أنا) لم + درس

٢. لم + راجع

٣. لم + استمع

٤. لم + كتب

٥. لم + حفظ

٦. لم + فهم

ما هي الأشياء الأخرى التي **لم تفعلها؟**

الفعل المضارع المجزوم – المضعَّف [6]

علامات جزم الفعل المضارع المضعَّف

الفتحة

(هو، هي، أنتَ، أنا، نحن)

هي لم **تَعُدَّ** نقودها.

حذف النون

الأفعال الخمسة

(هما، هم، أنتِ، أنتما، أنتم)

هم لم **يَعُدّوا** نقودهم.

مبني

(هن، أنتن)

هُنّ لم **يَعدُدْنَ** نقودهنّ.

عَدَّ – يَعُدُّ

الضمير	الماضي	المضارع المرفوع	المضارع المنصوب	المضارع المجزوم
هو	عَدَّ	يَعُدُّ	يَعُدَّ	يَعُدَّ / يَعْدُدْ
هي	عَدَّتْ	تَعُدُّ	تَعُدَّ	تَعُدَّ / تَعْدُدْ
هما (مذكر)	عَدَّا	يَعُدَّانِ	يَعُدَّا	يَعُدَّا
هما (مؤنث)	عَدَّتا	تَعُدَّانِ	تَعُدَّا	تَعُدَّا
هُمْ	عَدَّوا	يَعُدُّونَ	يَعُدُّوا	يَعُدُّوا
هُنَّ	عَدَدْنَ	يَعْدُدْنَ	يَعْدُدْنَ	يَعْدُدْنَ
أنتَ	عَدَدْتَ	تَعُدُّ	تَعُدَّ	تَعُدَّ / تَعْدُدْ
أنتِ	عَدَدْتِ	تَعُدِّينَ	تَعُدِّي	تَعُدِّي

[6] See Appendix 3 for types of verbs in Modern Standard Arabic.

أنتما	عَدَدْتُما	تَعُدَّانِ	تَعُدَّا	تَعُدَّا
أنتم	عَدَدْتُم	تَعُدُّونَ	تَعُدُّوا	تَعُدُّوا
أنتُنَّ	عَدَدْتُنَّ	تَعْدُدْنَ	تَعْدُدْنَ	تَعْدُدْنَ
أنا	عَدَدْتُ	أَعُدُّ	أَعُدَّ	أَعُدَّ / أَعْدُدْ
نحنُ	عَدَدْنا	نعُدُّ	نعُدَّ	نعُدَّ / نَعْدُدْ

١) اكتبوا الفعل الذي بين القوسين في الشكل المناسب:

1) Conjugate the verbs between brackets in the correct form:

١. نحن لم ________ في أنه سرق النقود. (شكّ)

٢. هي لم ________ النقود قبل أن تدفعها. (عَدّ)

٣. من فضلكم، لا ________ الطعام الآن! (أعدّ)

٤. لماذا (أنتم) لم ________ للامتحان؟ (استعدّ)

٥. عادل وصديقه لم ________ على أسئلة الأستاذ. (ردّ)

٦. الأصدقاء لم ________ أنّ عادل مريض. (ظنّ)

٧. وزراء الخارجية لم ________ على أسئلة الصحفيين. (ردّ)

٨. أنا لم ________ في دراسة اللغة الصينية. (استمرّ)

٩. من فضلكما، لا ________ في هذا الكلام! (استمرّ)

١٠. قالت الأستاذة لعادل وزميله: "أنتما لم ________ البحث جيدا لذلك يجب أن تكتبوه مرة أخرى." (أعدّ)

١١. لـ________ (نحن) طعام الحفلة الآن. (أعدّ)

١٢. الشرطة لم ________ فيه. (شكّ)

١٣. ألم ________ (أنتِ) هذا الطعام؟ (أحبّ)

١٤. (هما مذكر) لم _____ في مكان واحد حتى الآن.   (استقرّ)

١٥. وزراء الخارجية لم _____ في الاجتماع المشترك.   (استمرّ)

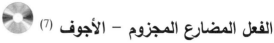

الفعل المضارع المجزوم – الأجوف [7]

علامات جزم الفعل المضارع الأجوف

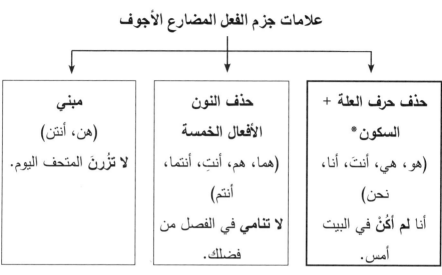

حذف حرف العلة + السكون*	**حذف النون الأفعال الخمسة**	**مبني**
(هو، هي، أنتَ، أنا، نحن)	(هما، هم، أنتِ، أنتما، أنتم)	(هن، أنتن)
أنا **لم أكُنْ** في البيت أمس.	**لا تنامي** في الفصل من فضلك.	**لا تزُرنَ** المتحف اليوم.

* With the following pronouns هو، هي، أنتَ، أنا، نحن the long vowel of the مجزوم present tense verb is dropped and replaced by the corresponding short vowel, e.g.:

هو ينامُ ⟵ هو لم يَنَمْ

هي تعيشُ ⟵ هي لم تعِشْ

أنا أقومُ ⟵ أنا لم أقُمْ

نحن نخافُ ⟵ نحن لم نخَفْ

أنتَ تريدُ ⟵ أنتَ لم ترِدْ

(7) See Appendix 3 for types of verbs in Modern Standard Arabic.

قال – يقول

الضمير	الماضي	المضارع المرفوع	المضارع المنصوب	المضارع المجزوم
هو	قالَ	يَقُولُ	يَقُولَ	يَقُلْ
هي	قالَتْ	تَقُولُ	تَقُولَ	تَقُلْ
هما (مذكر)	قالا	يَقُولانِ	يَقُولا	يَقُولا
هما (مؤنث)	قالَتا	تَقُولانِ	تَقُولا	تَقُولا
هُمْ	قالَوا	يَقُولُون	يَقُولُوا	يَقُولُوا
هُنَّ	قُلْنَ	يَقُلْنَ	يَقُلْنَ	يَقُلْنَ
أنتَ	قُلْتَ	تَقُولُ	تَقُولَ	تَقُلْ
أنتِ	قُلْتِ	تَقُولِينَ	تَقُولِي	تَقُولِي
أنتما	قُلْتُما	تَقُولانِ	تَقُولا	تَقُولا
أنتم	قُلْتُم	تَقُولُون	تَقُولُوا	تَقُولُوا
أنتُنَّ	قُلْتُنَّ	تَقُلْنَ	تَقُلْنَ	تَقُلْنَ
أنا	قُلْتُ	أَقُولُ	أَقُولَ	أَقُلْ
نحنُ	قُلْنا	نَقُولُ	نَقُولَ	نَقُلْ

١) اكتبوا الفعل الذي بين القوسين في الشكل الصحيح:

1) Conjugate the verb between brackets in the correct form:

١. (أنا) لم _____ في البيت في الساعة السادسة مساءً. (كان)

٢. ألم _____ (أنتما) من اللص؟ (خاف)

٣. لـ _____ (نحن) الحقيقة. (قال)

٤. لا _____ (أنتَ) في الفصل. (نام)

٥. لا _____ (أنتِ) في الشارع بالليل وحدَكِ. (سار)

٦. (هي) لم _____ موجودة في الفصل منذ ساعة. (كان)

٧. (نحن) لم _____ المتحف القبطي أبدًا. (زار)

٨. (هو) لم _____ من عمله. (استقال)

٩. لـ _____ (نحن) الآن. (استراح)

١٠. (هم) لم _____ أسباب المشكلة. (قال)

١١. لا _____ (أنتما) قبل أن تتكلما معها. (عاد)

١٢. ألم _____ (أنتَ) معنا أمس؟ (كان)

١٣. ألم _____ (أنتِ) الكتب إلى المكتبة؟ (أعاد)

١٤. ألم _____ (هما مذكر) من الشرطة؟ (خاف)

١٥. (أنا) لم _____ الإجابة الأولى. (اختار)

١٦. لا _____ (أنتم) في الصف. (نام)

١٧. لم _____ الرئيس إلى أصل المشكلة في خطابه. (أشار)

١٨. (نحن) لم _____ الأقصر بعد. (زار)

١٩. لم _____ (هم) موجودين بالبيت ساعة وصولنا. (كان)

٢٠. (هما مذكر) لم _____ في الفصل أمس. (كان)

٢) أكملوا الفقرة التالية كما في المثال:

2) Complete the following paragraph as in the example:

في الإجازة الماضية قُمتُ برحلة سفاري في صحراء مصر. كانت رحلة ممتعة وخطيرة
في نفس الوقت. أصدقائي أعطوني تعليمات كثيرة:

- لا (أنتَ + خاف) _____ من هذه الرحلة. إن شاء الله لن تحدث
مشاكل إذا انتبهت إلى بعض الأشياء.

- لا + زار
- لا + نام
- لا + أضاع
- لا + سار
- لا + أقام
- لا + كان

للأسف، لم (أنا + سمع) _____ كلام أصدقائي، فأنا لم ...

ولم ...

ولم ...

ولم ...

وكانت النتيجة أنني ضللتُ الطريق في الصحراء، ولكن الحمد لله وجدني بعض البدو
في المنطقة، ولذلك أنا معكم الآن وأحكي لكم حكايتي.

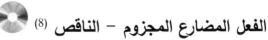

الفعل المضارع المجزوم - الناقص [8]

علامات جزم الفعل المضارع الناقص

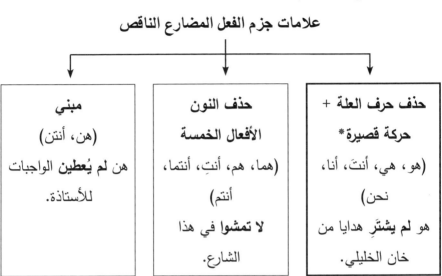

حذف حرف العلة + حركة قصيرة*	**حذف النون**	**مبني**
	الأفعال الخمسة	
(هو، هي، أنتَ، أنا، نحن)	(هما، هم، أنتِ، أنتما، أنتم)	(هن، أنتن)
هو **لم يشترِ** هدايا من خان الخليلي.	**لا تمشوا** في هذا الشارع.	هن **لم يُعطين** الواجبات للأستاذة.

* With the following pronouns هو، هي، أنتَ، أنا، نحن the long vowel of the مجزوم present tense verb is dropped and replaced by the corresponding short vowel, e.g.:

هو يَمشي ⟵ هو لم يَمشِ

هي تَقضي ⟵ هي لم تَقضِ

أنا أشتري ⟵ أنا لم أشتَرِ

نحن نَدعو ⟵ نحن لم نَدعُ

أنتَ تَنسَى ⟵ أنتَ لم تَنسَ

[8] See Appendix 3 for types of verbs in Modern Standard Arabic.

دعا - يدعو

الضمير	الماضي	المضارع المرفوع	المضارع المنصوب	المضارع المجزوم
هو	دَعا	يَدْعُو	يَدْعُوَ	يَدْعُ
هي	دَعَتْ	تَدْعُو	تَدْعُوَ	تَدْعُ
هما (مذكر)	دَعَوا	يَدْعُوَانِ	يَدْعُوَا	يَدْعُوَا
هما (مؤنث)	دَعَتَا	تَدْعُوَانِ	تَدْعُوَا	تَدْعُوَا
هُمْ	دَعَوْا	يَدْعُونَ	يَدْعُوَا	يَدْعُوَا
هُنَّ	دَعَوْنَ	يَدْعُونَ	يَدْعُونَ	يَدْعُونَ
أنتَ	دَعَوْتَ	تَدْعُو	تَدْعُوَ	تَدْعُ
أنتِ	دَعَوْتِ	تَدْعِينَ	تَدْعِي	تَدْعِي
أنتما	دَعَوْتُما	تَدْعُوَانِ	تَدْعُوَا	تَدْعُوَا
أنتم	دَعَوْتُم	تَدْعُونَ	تَدْعُوا	تَدْعُوَا
أنتُنَّ	دَعَوْتُنَّ	تَدْعُونَ	تَدْعُونَ	تَدْعُونَ
أنا	دَعَوْتُ	أَدْعُو	أَدْعُوَ	أَدْعُ
نحنُ	دَعَوْنا	نَدْعُو	نَدْعُوَ	نَدْعُ

اشترى – يشتري

الضمير	الماضي	المضارع المرفوع	المضارع المنصوب	المضارع المجزوم
هو	اشترى	يشتري	يشتريَ	يشترِ
هي	اشترَتْ	تشتَري	تشتَريَ	تشترِ
هما (مذكر)	اشترَيا	يشتريان	يشتريا	يشتريا
هما (مؤنث)	اشترَتا	تشتَريان	تشتَريا	تشتَريا
هُمْ	اشترَوْا	يشترُون	يشترُوا	يشترُوا
هُنَّ	اشترَيْنَ	يشترِينَ	يشترِينَ	يشترِينَ
أنتَ	اشترَيْتَ	تشتَري	تشتَريَ	تشترِ
أنتِ	اشترَيْتِ	تشتَرِينَ	تشتَري	تشتَري
أنتما	اشتَرَيْتُما	تشتَرِيان	تشتَرِيا	تشتَرِيا
أنتم	اشتَرَيْتُم	تشْتَرون	تشتَروا	تشتَروا
أنتُنَّ	اشتَرَيْتُنَّ	تشتَرِينَ	تشتَرِينَ	تشتَرِينَ
أنا	اشترَيْتُ	أشْتَري	أشتَريَ	أشترِ
نحنُ	اشتَرَيْنا	نشتَري	نشتَريَ	نشترِ

نَسِيَ - ينسى

المضارع المجزوم	المضارع المنصوب	المضارع المرفوع	الماضي	الضمير
يَنْسَ	يَنْسَى	يَنْسَى	نَسِيَ	هو
تَنْسَ	تَنْسَى	تَنْسَى	نَسِيَتْ	هي
يَنْسَيا	يَنْسَيا	يَنْسَيان	نَسِيَا	هما (مذكر)
تَنْسَيا	تَنْسَيا	تَنْسَيان	نَسِيَتَا	هما (مؤنث)
يَنْسَوْا	يَنْسَوْا	يَنْسَوْنَ	نَسُوا	هُمْ
يَنْسَيْنَ	يَنْسَيْنَ	يَنْسَيْنَ	نَسِينَ	هُنَّ
تَنْسَ	تَنْسَى	تَنْسَى	نَسِيتَ	أنتَ
تَنْسَيْ	تَنْسَيْ	تَنْسَيْنَ	نَسِيتِ	أنتِ
تَنْسَيا	تَنْسَيا	تَنْسَيان	نَسِيتُما	أنتما
تَنْسَوْا	تَنْسَوْا	تَنْسَوْنَ	نسِيتُم	أنتم
تَنْسَيْنَ	تَنْسَيْنَ	تَنْسَيْنَ	نَسِيتُنَّ	أنتُنَّ
أنْسَ	أنْسَى	أنْسَى	نَسِيتُ	أنا
نَنْسَ	نَنْسَى	نَنْسَى	نَسِينا	نحنُ

١) اكتبوا الفعل الذي بين القوسين في الشكل الصحيح:

1) Conjugate the verb between brackets in the correct form:

١. لا _____ (أنتَ) عددا كبيرا من الأصدقاء إلى الحفلة. (دعا)

٢. (هم) لم _____ في البيت في عطلة نهاية الأسبوع الماضي. (بقي)

٣. لا _____ (أنتِ) كل الأوراق للمدرسة. (أعطى)

٤. (هي) لم _____ إلا في الساعة التاسعة. (صحا)

٥. لا _____ (أنتم) أنْ تقولوا لهم. (نسي)

٦. لا _____ (أنتِ) أشياء غالية. (اشترى)

٧. ألم _____ (أنتما) العطلة الماضية في شرم الشيخ؟ (قضى)

٨. (أنا) لم _____ كل الهدايا. (اشترى)

٩. لـ _____ (أنتَ) أصدقاءك إلى حفلة. (دعا)

١٠. (أنا) لم _____ كل المفردات. (نسي)

١١. (هو) لم _____ أباه منذ سنة. (لقي)

١٢. (أنا) لم _____ في هذا الشارع أبدًا. (مشى)

١٣. (هم) لم _____ني أي شيء حتى الآن. (أعطى)

١٤. لماذا لم _____ (أنتَ) أحدًا للاحتفال بعيد ميلادك؟ (دعا)

١٥. (نحن) لم _____ في شرم الشيخ أكثر من يومين. (بقي)

١٦. لا _____ (أنتم) أن تشتروا لها هدية. (نسي)

١٧. (هما مذكر) لم _____ صديقهما الأوراق حتى الآن. (أعطى)

١٨. لماذا لم _____ الرئيس خطابًا في عيد العمال؟ (ألقى)

١٩. (أنا) لم _____ المدرسة كل الواجبات المتأخرة. (أعطى)

٢٠. (أنا) لم _____ها منذ وقت طويل. (رأى)

٢١. لا _____ (أنتما) في المتحف أكثر من ساعتين. (بقي)

٢٢. ألم _____ (أنتم) ما درستموه في هذا الفصل؟ (نسي)

2) Complete the following: ٢) أكملوا ما يلي:

أنتَ تكتب خطابًا لأصدقائك الذين سوف يزورون مصر في الخريف القادم ليدرسوا اللغة العربية. هذه أول مرة يزورون فيها مصر. بماذا تنصحهم؟ ما هي الأشياء التي يجب ألاّ يفعلوها؟ اكتب خطابًا تقول لهم فيه بعض النصائح:

أصدقائي الأعزاء،

أنا سعيد جدًا لأنكم سوف تزورون مصر لتدرسوا اللغة العربية مثلي. اللغة العربية جميلة وأنا سعيد جدًا لأنني أدرسها، ولكن، يجب أن تعرفوا أنّ القاهرة مدينة مزدحمة جدًا ولكي تقضوا فترة دراستكم فيها بلا مشاكل، هناك أشياء يجب ألا تفعلوها:

١. لا + مشى
٢. لا + أعطى
٣. لا + اشترى
٤. لا + نسي
٥. لا + قضي
٦. لا + دعا
٧. لا + ألقى
٨. لا + شكا
٩. لا + سعي
١٠. لا + صحا

وأخيرًا، أتمنى لكم قضاء وقت ممتع في القاهرة وأتمنى أن تستمتعوا بدراسة اللغة العربية كما أستمتع أنا بها.

المخلص
جون

الفصل الخامس

فعل الأمر

فعل الأمر

1. فعل الأمر , the imperative, is derived from الفعل المضارع المجزوم by dropping the present tense marker as the following table illustrates:

الضمير	المضارع المجزوم		فعل الأمر
أنتَ	تُسافِرْ	←	سافِرْ
أنتِ	تُسافِري	←	سافِري
أنتما	تُسافِرا	←	سافِرا
أنتم	تُسافِروا	←	سافِروا
أنتن	تُسافِرْنَ	←	سافِرْنَ

2. If by dropping the present tense marker the verb starts with a consonant cluster, a helping vowel is added at the beginning of the verb, e.g.:

أنت تَقْرأ ← قْرأ ← اِقْرأ

The following table illustrates the rule:

الضمير	المضارع المجزوم				فعل الأمر
أنتَ	تَكْتُبْ	←	كْتُبْ	←	اُكْتُبْ
أنتِ	تَكْتُبي	←	كْتُبي	←	اُكْتُبي
أنتَ	تَجْلِسْ	←	جْلِسْ	←	اِجْلِسْ
أنتِ	تَجْلِسي	←	جْلِسي	←	اِجْلِسي
أنتَ	تَشْرَبْ	←	شْرَبْ	←	اِشْرَبْ

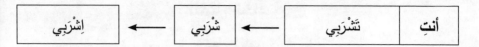

أنتِ	تَشْرَبِي	←	شْرَبِي	←	اِشْرَبِي

- The following verbs are exceptions to the rule:
  a. Form I verbs which start with همزة, e.g. أَخَذَ/أَكَلَ, where the همزة is dropped with فعل الأمر
  b. Form IV verbs, e.g., أخرَجَ/أكمَلَ, where a فتحة + همزة are added at the beginning of فعل الأمر

Case (a) is illustrated in the following table:

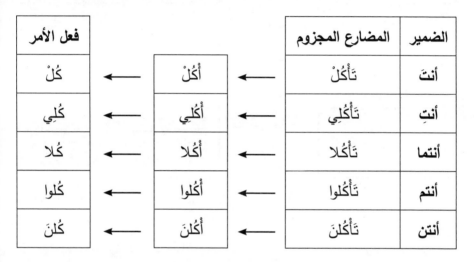

الضمير	المضارع المجزوم				فعل الأمر
أنتَ	تَأْكُلْ	←	أْكُلْ	←	كُلْ
أنتِ	تَأْكُلِي	←	أْكُلِي	←	كُلِي
أنتما	تَأْكُلا	←	أْكُلا	←	كُلا
أنتم	تَأْكُلوا	←	أْكُلوا	←	كُلوا
أنتن	تَأْكُلنَ	←	أْكُلنَ	←	كُلنَ

Case (b) is illustrated in the following table:

الضمير	المضارع المجزوم				فعل الأمر
أنتَ	تُكْمِلْ	←	كْمِلْ	←	أَكْمِلْ
أنتِ	تُكْمِلي	←	كْمِلي	←	أَكْمِلي
أنتما	تُكْمِلا	←	كْمِلا	←	أَكْمِلا
أنتم	تُكْمِلوا	←	كْمِلوا	←	أَكْمِلوا

أَكْمِلنَ	←	كْمِلنَ	←	تُكْمِلنَ	أنتن

c. The imperative of جاء – يجيئ (to come) is تَعالَى

أمثلة: تَعالَى / تَعالَيْ / تَعالَوا إلى مكتبي الآن!

d. The imperative of أحضِر (to bring) can be أحضِر or هات

أمثلة: هات / هاتي / هاتوا القاموس معكم غداً!

1) Use فعل الأمر: **١) استعملوا فعل الأمر:**

١. (أنتِ) ________ النقود جيدًا. (عدّ)

٢. (أنتَ) ________ صديقك. (قابل)

٣. (أنتما) ________ التليفزيون الآن. (شاهد)

٤. (أنتِ) ________ مع المديرة. (تكلَّم)

٥. (أنتم) ________ الدرس جيدًا. (تعلَّم)

٦. (أنتما) ________ معنا إلى شرم الشيخ. (سافر)

٧. (أنتن) ________ معه. (تكلّم)

٨. (أنتم) ________ مشكلتكم. (حلّ)

٩. (أنتم) ________ في المناقشة. (شارك)

١٠. (أنتِ) ________ عن رأيك. (عبّر)

١١. (أنتَ) ________ الباب. (فتح)

١٢. (أنتِ) ________ هنا. (جلس)

١٣. (أنتِ) ________ معي في المطعم. (أكل)

١٤. (أنتما) ________ قهوة. (شرب)

١٥. (أنتَ) ________ الحساب من فضلك. (دفع)

١٦. (أنتما) ________ بسرعة. (دخل)

١٧. (أنتِ) _____ جيدًا. (درس)

١٨. (أنتَ) _____ تاكسي معي. (ركب)

١٩. (أنتَ) _____ إلى الأخبار. (استمع)

٢٠. (أنتِ) _____ اسمك هنا. (كتب)

٢١. (أنتم) _____ الجملة. (قرأ)

٢٢. (أنتَ) _____ كل الواجبات من فضلك. (أكمل)

٢٣. (أنتَ) _____ الحقائب للرحلة. (أعدّ)

٢٤. (أنتِ) _____ للدرس. (استعدّ)

٢٥. (أنتم) _____ الأوراق معكم. (أخذ)

٢) أجيبوا كما في المثال:

2) Answer the questions as in the example:

مثال: عمر: "هل أسافر إلى الإسكندرية؟" ← "نعم، **سافِر** إلى الإسكندرية يا عمر."

١. سارة: "هل أفتح الشباك؟"

٢. هشام وحازم: "هل نكتب الواجب؟"

٣. كريم: "هل آكل في مطعم كشري التحرير؟"

٤. نادية ومنى: "هل نخرج من الفصل؟"

٥. الطالبات: "هل نقرأ الدرس؟"

٦. فريد: "هل أذاكر الدرس؟"

٧. سميرة: "هل أتكلم معها؟"

٨. آدم وسارة: "هل نشرب قهوة الآن؟"

٩. الطلاب: "هل نسافر إلى الأقصر؟"

١٠. ليلى: "هل أشرح الدرس؟"

١١. سارة: "هل آكل الآن؟"

١٢. نادية: "هل آخذ الكتاب؟"

١٣. هبة وشهيرة: "هل نطبخ الطعام الآن؟"

١٤. البنات: "هل نذهب إلى السينما؟"

١٥. الأولاد: "هل ننزل إلى الكافيتريا؟"

3. The following table illustrates the derivation of فعل الأمر for hollow verbs, الفعل الأجوف, e.g. سار / نام / قال, and defective verbs, الفعل الناقص, e.g. دعا / مَشَى / نسِي :

فعل الأمر				المضارع المجزوم	الضمير
قُلْ	←	قُلْ	←	تَقُلْ	أنتَ
قُولي	←	قُولي	←	تَقُولي	أنتِ
سِرْ	←	سِرْ	←	تَسِرْ	أنتَ
سِيري	←	سِيري	←	تَسِيري	أنتِ
نَمْ	←	نَمْ	←	تَنَمْ	أنتَ
نامِي	←	نامِي	←	تَنامِي	أنتِ
أُدْعُ	←	دْعُ	←	تَدْعُ	أنتَ
اِدْعِي	←	دْعِي	←	تَدْعِي	أنتِ
اِمْشِ	←	مْشِ	←	تَمْشِ	أنتَ

أنتِ	تَمْشِي	←	مْشِي	←	اِمْشِي
أنتَ	تَنْسَ	←	نْسَ	←	اِنْسَ
أنتِ	تَنْسَيْ	←	نْسَيْ	←	اِنْسَيْ

٣) استعملوا فعل الأمر: **3) Use فعل الأمر :**

١. (أنتَ) __________ أصدقاءك إلى الحفلة. (دعا)

٢. (أنتِ) __________ لطيفة مع زملائك. (كان)

٣. (أنتِ) __________ هذه المشكلة الآن. (نسي)

٤. (أنتما) __________ من هنا الآن. (مشى)

٥. (أنتن) __________ طعامًا للحفلة. (اشترى)

٦. (أنتما) __________ العطلة في شرم الشيخ. (قضى)

٧. (أنتَ) __________ إلى بيتك. (سار)

٨. (أنتِ) __________ في الفصل. (بقيَ)

٩. (أنتَ) __________ بسرعة يا عادل. (عاد)

١٠. (أنتم) __________ الحقيقة. (قال)

١١. (أنتِ) __________ شيئا. (تمنّى)

١٢. (أنتما) __________ يوم الأحد. (عاد)

١٣. (أنتم) __________ الطعام. (أعدّ)

١٤. (أنتَ) __________ مبكرًا. (نام)

١٥. (أنتم) __________ القطة من البيت حالاً! (أخرج)

النهي = لا (الناهية) + الفعل المضارع المجزوم

٤) أكملوا كما في المثالين: 4) Complete as in the examples:

مثال ١:

________ إلى الفصل، **ولا** ________ إلى السينما. (يذهب + أنتَ)

← **اذهبْ** إلى الفصل، **ولا تذهبْ** إلى السينما.

مثال ٢:

________ تفاحًا، **ولا** ________ أيس كريم. (يأكل + أنتِ)

← **كلي** تفاحًا، **ولا تأكلي** آيس كريم.

١. ________ صباح الخير، ولا ________ مساء الخير. (يقول + أنتِ)

٢. ________ الحكاية، ولا ________ الموسيقى. (يسمع + أنتم)

٣. ________ ساندوتشات، ولا ________ سلطة. (يشتري + أنتما)

٤. ________ في بيتك، ولا ________ في الفصل. (ينام + أنتَ)

٥. ________ في نهاية الأسبوع، ولا ________ في وسط الأسبوع. (يسافر + أنتن)

٦. ________ من الباب، ولا ________ من الشباك. (يدخل + أنتَ)

٧. ________ في المحاولة، ولا ________ في اليأس. (يستمر + أنتم)

٨. ________ ني، ولا ________ ها. (يساعد + أنتِ)

٩. ________ معها، ولا ________ معي. (يتكلم + أنتما)

١٠. ________ المديرة، ولا ________ السكرتيرة. (يقابل + أنتما)

١١. ________ بفصل القواعد، ولا ________ بفصل القراءة. (يهتمّ + أنتم)

١٢. ________ في هذه الحفلة، ولا ________ الحفلة الأخرى. (يشارك + أنتِ)

١٣. ________ بما حدث اليوم، ولا ________ بما حدث أمس. (يُخبِر + أنتَ)

١٤. _____ لطيفًا، ولا _____ مزعجًا. (يكون + أنتَ)

١٥. _____ على الرصيف، ولا _____ في وسط الشارع.

(يسير + أنتن)

٥) أكملوا النص التالي.. استعملوا فعل الأمر:

5) Complete the following passage using فعل الأمر :

تقدّم عادل لوظيفة في شركة كبيرة ليعمل بها بعد التخرّج، وتم تحديد موعد للمقابلة الشخصية، لذلك جلس مع والده ليسأله عما يجب/لا يجب أن يفعله في هذه المقابلة فقال له:

- الوالد: أولاً يجب أن تستعد للمقابلة.

- عادل: وكيف هذا؟

- الوالد: _____ معلومات عن الشركة وعن نشاطها، فهذا يعطي انطباعاً جيدًا عنك. (يجمع)

_____ الأسئلة المألوفة في هذه المقابلات و_____ على الإجابة عليها. (يحدّد، يتدرّب)

_____ النقاط التي تريد أن تسأل صاحب العمل عنها و_____ها ثم _____ها قبل المقابلة و_____ عنها بعد أن ينتهي

صاحب العمل من حديثه.   (يحدّد – يكتب – يراجع – يسأل)

- عادل: وماذا عن المقابلة؟

- الوالد : _____ (يلبس)

   _____ (يختار)

   _____ (يتجنّب)

   _____ (يبدأ)

   _____ (يحاول)

   _____ (يكون)

   _____ (يُظهِر)

- عادل: وهل عندك نصائح أخرى؟

- الوالد: _____

_____

_____

_____

الفصل السادس

الفعل المبني للمجهول

الفعل المبني للمجهول – الأفعال الصحيحة

١. الفعل الماضي

الفعل المبني للمجهول, the passive, is formed from الفعل الماضي by adding a ضمّة on the first letter of the verb and a كسرة on the pre-final letter. The following table shows examples of الفعل المبني للمجهول for different verb forms:

الفعل الماضي المبني للمجهول Passive voice	الفعل الماضي المبني للمعلوم Active voice	الوزن
دُرِسَ	دَرَسَ	الأول
قُدِّمَ	قَدَّمَ	الثاني
شُوهِدَ	شاهَدَ	✶ الثالث
أُرْسِلَ	أَرْسَلَ	الرابع
××××	تَأَثَّرَ	الخامس
××××	تَقابَلَ	السادس
××××	اِنْكَسَرَ	السابع
أُنْتُخِبَ	اِنْتَخَبَ	الثامن
××××	اِخْضَرَّ	التاسع
أُسْتُقْبِلَ	اِسْتَقْبَلَ	العاشر
تُرْجِمَ	تَرْجَمَ	الرباعي ١
××××	تَدَهْوَرَ	الرباعي ٢

٢. الفعل المضارع

الفعل المبني للمجهول, the passive, is formed for الفعل المضارع by adding a ضمّة on the first letter of the verb and a فتحة on the pre final letter. The following table shows examples of الفعل المبني للمجهول for different verb forms:

الفعل المضارع المبني للمجهول **Passive voice**	الفعل المضارع المبني للمعلوم **Active voice**	الوزن
يُدْرَسُ	يَدْرُسُ	الأول
يُقَدَّمُ	يُقَدِّمُ	الثاني
يُشاهَدُ	يُشاهِدُ	★ الثالث
يُرْسَلُ	يُرْسِلُ	الرابع
xxxx	يَتَأَثَّرُ	الخامس
xxxx	يَتَقابَلُ	السادس
xxxx	يَنْكَسِرُ	السابع
يُنْتَخَبُ	يَنْتَخِبُ	الثامن
xxxx	يَخْضَرُّ	التاسع
يُسْتَقْبَلُ	يَسْتَقْبِلُ	العاشر
يُتَرْجَمُ	يُتَرْجِمُ	الرباعي ١
xxxx	يَتَدَهْوَرُ	الرباعي ٢

★ الفعل المضعّف

المضارع		الماضي		
المبني للمجهول Passive voice	المبني للمعلوم Active voice	المبني للمجهول Passive voice	المبني للمعلوم Active voice	الوزن
يُعَدُّ	يَعِدُّ	عُدَّ	عَدَّ	الأول

Following are examples that show how sentences are changed from **المبني للمعلوم** to **المبني للمجهول** :

المبني للمجهول	المبني للمعلوم
كُتِبَتْ **رسالةٌ** إلى الأصدقاء.	كتبنا **رسالةً** إلى الأصدقاء.
لا يُقَدَّمُ **طعامٌ صينيٌ** (في هذا المطعم).	لا يُقَدِّمُ هذا المطعمُ **طعامًا صينيًا**.
سوف يُنْتَخَبُ **رئيسٌ جديدٌ**.	سوف يَنْتَخِبُ الشعبُ **رئيسًا جديدًا**.
شوهِدُ **المدرسون** في الحفلة.	شاهد الطلابُ **المدرسين** في الحفلة.
لن يُقْرَأَ **هذا الدرسُ**.	لن نقرأَ **هذا الدرسَ**.
لم تُتَرْجَمْ **هذه المقالةُ**.	لم يُتَرْجِمِ الصحفيُ **هذه المقالةَ**.
أُعطِيَت **الأسرةُ الفقيرةُ نقوداً**.	★أعطَى الناسُ **الأسرةَ الفقيرةَ نقودًا**.
قِيلَ إنّ **غدًا إجازة**.	★قالت المدرسةُ إنّ **غدًا إجازة**.
بُحِثَ **عن** الكلمة في القاموس.	★بَحَثَ الطلابُ **عن** الكلمة في القاموس.

١) حولوا الجمل التالية إلى المبني للمجهول:

1) Change the following sentences to المبني للمجهول :

١. كتب جميع الطلاب هذا الواجب.

٢. انتخب الشعب رئيسًا جديدًا.

٣. شاهدناها في المكتبة منذ ساعة.

٤. هل حفظتم كل مفردات الدرس؟

٥. سمحت الحكومة بتكوين أحزاب جديدة.

٦. درّست ليلى هذا الدرس.

٧. لاحظ الناس أن الرئيس مريض.

٨. طالب الصحفي بمزيد من الحريات العامة.

٩. استهدفت الخطة تحقيق السلام.

١٠. اعتبر الناس هذا العملَ انتهاكًا لحقوقهم.

١١. نظّفنا البيت.

١٢. استخدم الناس التقويم الهجري.

٢) حولوا الجمل التالية إلى المبني للمجهول:

2) Change the following sentences to المبني للمجهول :

١. يكتب الطلاب هذا الواجب.

٢. سوف يعين المدير موظفًا جديدًا.

٣. لم يشاهد أحد هذا الفيلم العام الماضي.

٤. هل تحفظون كل مفردات الدرس؟

٥. يبحث الطلاب عن معنى الكلمة في القاموس.

٦. هل ستجد الشرطة اللصوص الذين سرقوا البنك؟

٧. متى تدرّس ليلى هذا الدرس؟

٨. تنشئ الحكومة كثيرًا من المساكن الشعبية.

٩. لم يلاحظ الناس أن الرئيس مريض.

١٠. تصيب القنابل عددًا كبيرًا من الناس.

١١. يطالب الصحفي بمزيد من الحريات العامة.

١٢. تستهدف الخطة تحقيق السلام.

١٣. لا ننظف البيت كل يوم.

١٤. يستخدم الناس التقويم الهجري.

١٥. تقول المدرسة إن الامتحان الأسبوع القادم.

٣) حولوا الجمل التالية من المبني للمجهول إلى المبني للمعلوم كما في المثال:

3) Change the following sentences from المبني للمجهول to المبني للمعلوم as in the example :

مثال: كُتِبت الرسالةُ أمس ← كتب عادل الرسالةَ أمس.

١. ذُكِرَ أنّ الامتحان النهائي سيكون يوم الأحد.

٢. هل سُمِعَتْ الأخبار اليوم.

٣. سُرِقَت نقودي.

٤. لوحِظَ أن المدرِّسة سعيدة اليوم.

٥. أُنتُخِبَ الرئيس في العام الماضي.

٦. كُسِرَت كل شبابيك البيت.

٧. طُبِخَ طعام لذيذ.

٨. رُسِمَت صور جميلة.

٩. أُسْتُخْدِم القاموس لفهم المفردات الجديدة.

١٠. قيل إن الامتحان الأسبوع القادم.

٤) حولوا الجمل التالية من المبني للمجهول إلى المبني للمعلوم كما في المثال:

4) Change the following sentences from المبني للمجهول to المبني للمعلوم as in the example:

مثال: تُقرَأ مقالةٌ واحدة في الأسبوع ← يقرأ الطلابُ مقالةً واحدة في الأسبوع.

١. لم يُعرَفْ أن الامتحان يوم الأحد.

٢. لا تُشاهَدُ كل الأفلام في التليفزيون.

٣. تُقرأُ مقالات كثيرة في فصل القراءة.

٤. سوف تُفهَم معاني الكلمات الجديدة.

٥. لن يُكتَبَ التقرير.

٦. يُنتَخَبُ الرئيس كل أربع سنوات.

٧. يُذكَر أن غزة سوف تتعرض لهجوم إسرائيلي.

٨. يُشرَح الدرس الآن.

تَمَّ/يتمُّ + مصدر = مبني للمجهول (في المعنى)

٥) حولوا من المبني للمجهول ← تَمَّ/يتمُّ + المصدر:

5) Use the construction تم/يتمّ + مصدر to give the passive meaning for the following sentences:

١. تُبحثُ مشكلة الإرهاب في المؤتمر.

٢. تُعرَض هذه البرامج في المساء.

٣. لم يُقابَل الرئيس بالترحيب المتوقع.

٤. سُئِلَ المجرم في المحكمة.

٥. تُرجِمت المقالة إلى الفرنسية.

٦. نُظِّف البيت.

٧. لن يُصلَّح التليفزيون اليوم.

٨. لا يُنْتَخَبُ الرئيس كل سنتين.

٩. لم تُسْرَق النقود من البنك.

١٠. كُتبت الواجبات.

١١. أُنْتُخِبَ الرئيس في شهر مايو الماضي.

١٢. أُسْتُقبِل الملك المغربي في القاهرة.

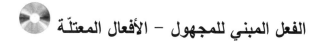

الفعل المبني للمجهول - الأفعال المعتلّة

١. الفعل المثال

	الفعل الماضي		الفعل المضارع	
الوزن	المبني للمعلوم	المبني للمجهول	المبني للمعلوم	المبني للمجهول
الأول	وَجَدَ وَلَدَ	وُجِدَ وُلِدَ	يَجِدُ يَلِدُ	يُوجَدُ يُولَدُ

٢. الفعل الأجوف

	الماضي		المضارع	
الوزن	المبني للمعلوم	المبني للمجهول	المبني للمعلوم	المبني للمجهول
الأول	قال	قِيلَ	يَقولُ	يُقالُ
الرابع	أَقامَ	أُقيمَ	يُقيمُ	يُقامُ
السابع	اِنْحازَ	××××	يَنْحازُ	××××
الثامن	اِخْتارَ	أُخْتيرَ	يَخْتارُ	يُخْتارُ
العاشر	اِسْتَفادَ	أُسْتُفيدَ	يَسْتَفيدُ	يُسْتَفادُ

٣. الفعل الناقص

	الماضي		المضارع	
الوزن	المبني للمعلوم	المبني للمجهول	المبني للمعلوم	المبني للمجهول
الأول	دعا	دُعِيَ	يَدعو	يُدعَى
الأول	رَمَى	رُمِيَ	يَرمِي	يُرمَى
الأول	نَسِيَ	نُسِيَ	يَنسَى	يُنسَى
الثاني	سَمَّى	سُمِّيَ	يُسَمِّي	يُسَمَّى
الثالث	نادَى	نُودِيَ	يُنادِي	يُنادَى
الرابع	أعطَى	أُعطِيَ	يُعطِي	يُعطَى
الخامس	تَمَنَّى	xxxx	يَتمَنَّى	xxxx
السادس	تَفادَى	xxxx	يَتَفادَى	xxxx
السابع	انقَضَى	xxxx	يَنقَضِي	xxxx
الثامن	اِشتَرَى	اُشتُرِيَ	يَشتَرِي	يُشتَرَى
العاشر	اِستَثْنَى	اُستُثْنِيَ	يَستَثْنِي	يُستَثْنَى

١) حولوا الجمل التالية إلى المبني للمجهول:

1) Change the following sentences to المبني للمجهول :

١. هل وجدت الشرطة اللصوص الذين سرقوا البنك؟

٢. أقامت الحكومة كثيرًا من المساكن الشعبية.

٣. أصابت القنابل عددًا كبيرا من الناس.

٤. قالت المدرسة إن الامتحان الأسبوع القادم.

٥. أنا اخترت هدية جميلة لوالدتي في عيد ميلادها.

٦. أين وضعتم القاموس؟

٧. هل أعدتم الكتب إلى المكتبة؟

٨. ماذا سمّيتما ابنكما؟

٩. هل ناديتَ عامل المطعم؟

١٠. نحن دعونا كل أصدقائنا إلى الحفل.

٢) حولوا الجمل التالية إلى المبني للمجهول:

2) Change the following sentences to المبني للمجهول :

١. يشتري السائحون الهدايا التقليدية من خان الخليلي.

٢. تبني الحكومة مساكن شعبية لمحدودي الدخل.

٣. سوف نُقيم حفلاً كبيرًا بمناسبة انتهاء الفصل الدراسي.

٤. سوف ندعو كل أصدقائنا إلى هذا الحفل.

٥. أُضيف ملعقتي سكر إلى كوب الشاي.

٦. يجد الطلاب القواميس في مكتبة الجامعة.

٧. نضع الطعام في الفرن لمدة ساعة.

٨. يُعيد الطلاب الكتب إلى المكتبة في نهاية الفصل الدراسي.

٩. يُسمّي الناس واحة سيوة 'واحة آمون.'

١٠. في شهر رمضان يعطي الناس نقودًا للفقراء.

٣) اكتبوا وصفة الطعام التالية. استعملوا المبني للمجهول:

3) Write down the following recipe using المبني للمجهول :

ذهب عادل بعد الجامعة لزيارة جدته وتناول الغداء معها كما يفعل كل أسبوع. هذا الأسبوع ذهب مبكرًا ليشاهدها وهي تعد له طعامه المفضل وهو الكشري. جدة عادل تشرح له المكونات المطلوبة لعمل الكشري ثم تصف له كيف يتم تجهيزه. عادل يكتب الوصفة وهو يشاهد جدته. ساعدوا عادل في كتابة الوصفة كما في المثال التالي:

المثال: ____________ (جهّز – يُجهِّز) المكونات المطلوبة قبل البدء في إعداد الطعام ←——— <u>تُجَهَّز</u> المكونات المطلوبة قبل البدء في إعداد الطعام.

أولاً: المقادير:

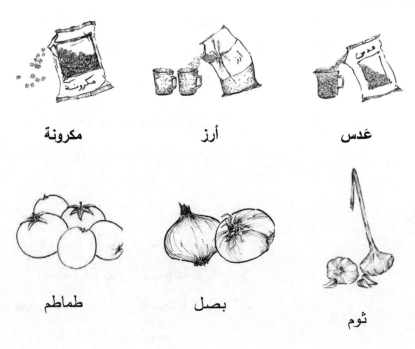

عَدس

أرز

مكرونة

ثوم

بصل

طماطم

خَلّ

ثانيًا: طريقة الإعداد:

١. ________ (نَقَّى - يُنَقِّي) العدس و________ (غسَل - يَغسِل) جيدًا بالماء الفاتر ثم ________ (رفَع - يَرفَع) في مصفاة.

٢. ________ (نَقَّى - يُنَقِّي) الأرز كذلك و________ (غسَل - يَغسِل) جيدًا ثم ________ (ترَك - يَترُك) في الماء حوالي ساعة.

٣. ________ (قَشَّر - يُقَشِّر) بصلة و________ (قَطَّع - يُقَطِّع) قطعًا صغيرة ثم________ (حمَّر - يُحَمِّر) في قليل من الزيت حتى تذبُل.

٤. ________ (أضاف - يُضيف) العدس و________ (قلَّب - يُقَلِّب) مع البصل قليلا ثم ________ (أضاف - يُضيف) الماء وقليل من الملح والفلفل و________ (ترَك - يَترُك) حتى يقترب من النضج.

٥. ________ (أضاف - يُضيف) الأرز إلى العدس قبل تمام نضجه و________ (قلَّب - يُقَلِّب) و________ (زاد - يزيد) الماء و________ (ترَك -يَترُك) حتى ينضج على نار هادئة.

٦. ________ (سلَق - يَسلُق) المكرونة و________ (رفَع - يرفَع) من على النار عندما تنضج ثم ________ (صفَّى - يُصَفِّي) من الماء و________ (أضاف - يُضيف) إليها قليل من الزبد.

٧. ـــــــــــــــ (قَشّر – يُقَشِّر) البصلة الثانية وـــــــــــــــ (قَطَّع – يُقَطِّع) قطعًا صغيرة جدًا ثمـــــــــــــــ (حمَّر – يُحَمِّر) في قليل من الزيت حتى يصبح لونها بنيًا ثم ـــــــــــــــ (رفَع – يرفَع) من على النار وـــــــــــــــ (ترَك – يترُك) حتى تبرد.

٨. ـــــــــــــــ (خَفَق – يَخفِق) الطماطم في الخلاط ثم ـــــــــــــــ (صَفَّى – يُصفِّي).

٩. ـــــــــــــــ (حمَّر – يُحمِّر) ملعقة صغيرة من الثوم في قليل من الزيت ثم ـــــــــــــــ (أضاف – يُضيف) إليها عصير الطماطم وملح وفلفل وقليل من الخل وـــــــــــــــ (ترك – يترُك) لتغلي على نار هادئة من ٥ إلى ١٠ دقائق.

١٠. للتقديم، ـــــــــــــــ (وضع – يضع) الأرز والعدس في طبق التقديم وـــــــــــــــ (أضاف – يُضاف) إليهما المكرونة المسلوقة وـــــــــــــــ (زيّن – يُزيِّن) الطبق بالبصل المحمَّر. من الممكن إضافة الحمّص المسلوق إلى الطبق حسب الرغبة.

١١. ـــــــــــــــ (قدَّم – يُقَدِّم) الطبق ساخنًا وـــــــــــــــ (أضاف – يُضيف) الطماطم إليه حسب الرغبة أثناء تناول الطعام وـــــــــــــــ (أكل – يأكُل) بالهناء والشفاء.

اكتبوا وصفة طعام آخر تحبونه.

٤) اختراع القرن: أكملوا الفقرة التالية مستخدمين الفعل المبني للمجهول:

4) The invention of the century: complete the following paragraph using the passive:

جهاز كتابة الواجبات

هذا جهاز مفيد لكل الطلاب، فهو يقوم بكتابة الواجبات المطلوبة لكل الفصول، وبذلك يتمكن الطلاب من النجاح وفي نفس الوقت لا يبذلون مجهودًا لا فائدة من ورائه، وفوق هذا يمكنهم الاستمتاع بأوقاتهم في أنشطة أخرى مثل السفر وممارسة الرياضة ومشاهدة الأفلام. وهذه هي خطوات تشغيل الجهاز:

١. ــــــــــــــ الجهاز بالكهرباء (وصّل)

٢. ــــــــــــــ أوراق التدريبات من الجهة المخصصة لذلك (وضع)

٣. ــــــــــــــ على زر التشغيل (ضغط)

٤. ــــــــــــــ الجهاز ليفكر في الإجابات بعض الوقت (ترك)

٥. ــــــــــــــ التدريبات المحلولة من الجهة الأخرى (أخذ)

٦. ــــــــــــــ زر التشغيل (أطفأ)

ومبروك مقدمًا على النجاح في الدراسة.

اكتبوا عن اختراع آخر من الممكن أن يكون مفيدًا لكم ولغيركم.

الفصل السابع

أوزان الأفعال

أوزان الأفعال – الوزن الأول والوزن الثاني [1]

الوزن الثاني Form II			حروف الزيادة Additional letters	الجذر Root
المصدر	المضارع	الماضي		
تَفْعِيل	**يُفَعِّلُ**	**فَعَّلَ**	**فَ عْ ع لَ**	**ف ع ل**
تَدْرِيس	يُدَرِّسُ	دَرَّسَ	ر	د ر س
تَنْظِيم	يُنَظِّمُ	نَظَّمَ	ظ	ن ظ م
تَفْكِير	يُفَكِّرُ	فَكَّرَ	ك	ف ك ر
تَعْلِيم	يُعَلِّمُ	عَلَّمَ	ل	ع ل م
تَذْكِير	يُذَكِّرُ	ذَكَّرَ	ك	ذ ك ر
تَوْصِيل	يُوَصِّلُ	وَصَّلَ	ص	و ص ل
تَكْسِير	يُكَسِّرُ	كَسَّرَ	س	ك س ر

١) هاتوا الوزن الثاني (الماضي والمضارع) والمصدر من الجذور التالية:

1) Formulate Form II (past and present) and مصدر for each of the following roots:

[1] See Appendix 4 for a complete list of verb forms in Modern Standard Arabic with examples.

١. ع ل م
٢. ف هـ م
٣. ع ب ر
٤. ك س ر
٥. ق ر ر
٦. ح س ن
٧. ح ض ر
٨. خ م ن

لاحظوا الفرق في المعنى والتركيب:

Notice the difference in meaning and structure:

الوزن الأول	الوزن الثاني

1. Form II is causative of Form I:

- وَصَلَتْ **الرسالةُ.** ⟵ وَصَّلَ عاملُ البريد **الرسالةَ.**
- خَرَجَ **الطلابُ** من الجامعة. ⟵ خَرَّجت الجامعةُ **الطلابَ.**
- دَرَسَ **الطلابُ الدرسَ.** ⟵ دَرَّسَ الأستاذُ **الطلابَ الدرسَ.**
- ذكر **الطلابُ** المفردات. ⟵ ذكّرت المدرسةُ **الطلابَ** بالمفردات.

2. Form II intensifies Form I:

- كَسَرَ الولدُ **الكوبَ.** ⟵ كَسَّرَ الولدُ **الكوبَ.**

٢) حولوا من الوزن الأول إلى الوزن الثاني مع تغيير ما يلزم:

2) Change from Form I to Form II, making the necessary changes:

١. دَرَسَ الطلاب اللغة العربية.

٢. سَمِعَ الطلاب الدرس.

٣. وَصَلَ صديقي إلى المطار.

٤. رَجَعَت سيناء إلى مصر.

٥. عَلِمنا معنى هذه الكلمة.

٦. ذَكَرَت صديقتي أن الحفلة الليلة.

٧. شَرِبَت البنت عصير ليمون.

٨. قَتَل الإرهابي أحد المدنيين.

٩. خَرَجَ الموظف من المكتب.

١٠. قَطَعَ الجزار اللحم بالسكين.

٣) اختاروا من الوزنين الأول والثاني:

3) Choose the appropriate verb form:

١. (عَلِمَ / عَلَّمَ) الطلابُ أن هناك رحلة إلى مدينة الأقصر الأسبوع القادم.(عَلِمَ / عَلَّمَ) المدرسُ طلابَه مفردات الدرس.

٢. (عَلِمَ / عَلَّمَ) كلُّ الناس الأخبارَ الجديدة.

٣. هل (وَصَلَت / وَصَّلَت) السكرتيرةُ الرسالة إلى المدير؟

٤. (وَصَلَت / وَصَّلَت) الرسالةُ إلى المدير.

٥. (دَرَسَت / دَرَّسَت) أختي التاريخ الإسلامي عندما كانت طالبة في جامعة القاهرة.

٦. (دَرَسَ / دَرَّسَ) الطلابُ أوزان الأفعال في اللغة العربية.

٧. (دَرَسَت / دَرَّسَت) المدرسةُ طلاب فصلها أوزان الأفعال.

٨. (فَهِمَ / فَهَّمَ) المدرسُ طلابه الجمل الصعبة.

٩. (فَهِمَ / فَهَّمَ) الطلابُ الجمل الصعبة بعد شرح المدرسة.

١٠. محفظتي (ضاعَت / ضَيَّعَت) في السينما أمس.

١١. الطالب (ضاع / ضَيَّعَ) قاموس هانزفير في الجامعة.

١٢. هل (دَخَلَ / دَخَّلَ) الأستاذ الفصل؟

١٣. (كَسَرَ / كَسَّرَ) المتظاهرون سيارات الشرطة.

٤) حولوا أنْ + الفعل ⟵ مصدر: **4) Change أنْ + الفعل ⟶ مصدر:**

١. يريدون أن يكسّروا كل الأبواب.

٢. سوف أحاول أن أفهّم أصدقائي الدرس.

٣. يجب أولاً أن نعرّف هذه الكلمة.

٤. من فضلك حاول أن ترتّب حجرتك.

٥. تريد أن تدرّس في هذه المدرسة.

٦. من المفروض أن ننظّم كل الأوراق.

٧. يجب أن تفكّروا في حل لمشكلتكم.

٨. من الأفضل أن أعبّر باللغة العربية.

٩. يجب أن تقطّع هذه الأوراق.

١٠. طلبنا من المدرّس أن يسهّل الامتحان.

أوزان الأفعال – الوزن الأول والوزن الرابع [2]

الجذر Root	حروف الزيادة Additional letters	الوزن الرابع Form IV الماضي	المضارع	المصدر
ف ع ل	**أ ف ع ل**	**أَفْعَلَ**	**يُفْعِلُ**	**إِفْعال**
ع ل م		أَعْلَمَ	يُعْلِمُ	إِعْلام
ض ح ك		أَضْحَكَ	يُضْحِكُ	إِضْحاك
س ع د		أَسْعَدَ	يُسْعِدُ	إِسْعاد
خ ر ج	أ	أَخْرَجَ	يُخْرِجُ	إِخْراج
ف هـ م		أَفْهَمَ	يُفْهِمُ	إِفْهام
ر ج ع		أَرْجَعَ	يُرْجِعُ	إِرْجاع
غ ض ب		أَغْضَبَ	يُغْضِبُ	إِغْضاب

١) هاتوا الوزن الرابع (الماضي والمضارع) والمصدر من الجذور التالية:

1) Formulate Form IV (past and present) and مصدر for each one of the following roots:

١. ض ح ك

٢. س م ع

٣. س ع د

[2] See Appendix 4 for a complete list of verb forms in Modern Standard Arabic with examples.

٤. ف هـ م

٥. ن ت ج

٦. ك م ل

٧. ب ع د

٨. ر هـ ب

لاحظوا الفرق في المعنى والتركيب:

Notice the difference in meaning and structure:

الوزن الرابع	الوزن الأول

1. Form IV is causative of Form I:

خَرَجَ **الموظفُ** من المكتب. ← أَخرجت المديرةُ **الموظفَ** من المكتب.

غَضِبَ **الطلابُ** من المدرِّسة. ← أَغضَبت المدرِّسةُ **الطلابَ**.

ضَحِكَ **الطلابُ** على القصة. ← أَضحَكَت القصةُ **الطلابَ**.

عَلِمَ **الناسُ** الأخبارَ. ← أَعلمت الجريدةُ **الناسَ** بالأخبار.

حَدَثَ **حريقٌ** كبير. ← أحدث الانفجار **حريقًا** كبيرًا.

٢) حولوا من الوزن الأول إلى الوزن الرابع مع تغيير ما يلزم:

2) Change from Form I to Form IV, making the necessary changes:

١. ضَحِكَت الطالباتُ على النكتة.

٢. غَضِبَ المدير من الموظف.

٣. عَلِمَ الطالب أنّ هناك رحلة الأسبوع القادم.

٤. رَجَعَت الكتب إلى المكتبة.

٥. خَرَجَت هبة من الفصل.

٦. جَلَسَ هشام بجانب شريف.

٧. فَهِمَ الطلاب الدرس.

٨. شعرتُ بألم في بطني.

٩. نجحت الخطةُ.

١٠. سعد الناس بانخفاض الأسعار.

٣) اختاروا من الوزنين الأول والرابع:

3) Choose the appropriate verb form:

١. (سَعِد / أسعد) الناسُ بالأخبار الجديدة.(سَعِد / أسعد) نجاحُ الطلابِ المدرسةَ.

٢. (سَعِدت / أسعدت) المدرسة بنجاح طلابها.

٣. هل (رجعتَ / أرجعتَ) الكتبَ إلى المكتبة؟

٤. (خَرَجَ / أخرج) الولدُ من البيت في الساعة العاشرة ولم يعد حتى الآن.

٥. (عَلِمَ / أعلمَ) الموظفُ الناسَ أن السفارة ستكون مغلقة غدًا.

٦. (غضبت / أغضبت) تصرفات بعض الطلاب المدرسة.

٧. (سَمِعنا / أسمعْنا) الأغنيةَ الجديدةَ أمس.

٨. (سَمِعَت / أسمعت) المدرسةُ طلابَها الأخبار.

٩. (عَلِم / أعلمَ) الناسُ أن الحرب ستبدأ قريبًا.

١٠. (خَرَجَ / أخرج) الرجل قلما من جيبه وكتب الرسالة.

١١. هل (شعرتَ / أشعرتَ) بالسعادة بعد الحصول على A في الامتحان؟

١٢. (شعرنا / أشعرنا) بالحزن لموت جدنا.

١٣. (غضب / أغضب) الرئيسُ بسبب عدم فوزه في الانتخابات.

١٤. هل (رجعتَ / أرجعتَ) من الجامعة في الساعة الخامسة؟

١٥. (فَشِل / أفشَل) في هذا العمل لأنه لا يحبه.

١٦. غضبه السريع (فَشِل / أفشَل)ه في حياته كثيرًا.

١٧. (حَزِن / أحزَن)ني سفره كثيرًا.

١٨. (حَزِنتُ / أحزَنتُ) عندما علمتُ أنّه مسافر.

١٩. سفري الكثير (بَعُد / أبعَد)ني عن أصدقائي.

٤) حولوا أنْ + الفعل ←—— مصدر:

4) Change أنْ + verb مصدر ←——:

١. يجب عليَّ أنْ أُكملَ كل الواجبات.

٢. هل نسيتم أن تُدخلوا القطة في البيت؟

٣. تحاول المدرسة أن تُسمعَنا نُطْق الكلمة.

٤. يجب أن أُرجِعَ كل هذه الكتب إلى المكتبة.

٥. يحاول الوالدان أن يُجلسا أطفالهما في هدوء.

٦. لا يجب أن تُغضبوا أصدقاءكم.

٧. يريد أبي أن يُخرِجَ الكلبَ من البيت.

٨. لماذا تحاول أن تُبعِد هذه القطة من هنا؟

٩. يجب أن تُنزِلي القطة من على السرير.

أوزان الأفعال – الوزن الثاني والوزن الخامس (3)

المصدر	المضارع	الماضي	حروف الزيادة Additional letters	الجذر Root
الوزن الخامس Form V				
تَفَعُّل	يَتَفَعَّلُ	تَفَعَّلَ	تَ فَ عْ عَ لَ	ف ع ل
تَعَلُّم	يَتَعَلَّمُ	تَعَلَّمَ	ت ل	ع ل م
تَأَثُّر	يَتَأَثَّرُ	تَأَثَّرَ	ت ث	ء ث ر
تَقَدُّم	يَتَقَدَّمُ	تَقَدَّمَ	ت د	ق د م
تَخَرُّج	يَتَخَرَّجُ	تَخَرَّجَ	ت ر	خ ر ج
تَكَلُّم/كَلام	يتَكَلَّمُ	تَكَلَّمَ	ت ل	ك ل م
تَحَدُّث/حَديث	يتَحَدَّثُ	تَحَدَّثَ	ت د	ح د ث
تَزَوُّج/زَواج	يتَزَوَّجُ	تَزَوَّجَ	ت و	ز و ج

١) هاتوا الوزن الخامس (الماضي والمضارع) والمصدر من الجذور التالية:

1) Formulate Form V (past and present) and مصدر for each one of the following roots:

١. ق د م

٢. ح د ث

٣. ز و ج

---

(3) See Appendix 4 for a complete list of verb forms in Modern Standard Arabic with examples.

٤. ع ل م

٥. ء ث ر

٦. ق ر ر

٧. ك ل م

٨. ح س ن

لاحظوا الفرق في المعنى والتركيب:

Notice the difference in meaning and structure:

الوزن الثاني	الوزن الخامس

1. Form V is causative of Form II:

قرّر الطالبُ **السفرَ** غدًا. ⟵ تقرّر **السفرُ** غدًا.

أثّرت الأوضاعُ السياسيةُ على **الاقتصاد.** ⟵ تأثّر **الاقتصادُ** بالأوضاع السياسية.

خرّجت الجامعة **مائةَ طالبٍ.** ⟵ تخرّج **مائةُ طالبٍ** من الجامعة.

علّمت المدرسةُ **الطلابَ** أوزان الأفعال. ⟵ تعلّم **الطلابُ** أوزانَ الأفعال.

وقّفتُ **سيارةَ أجرةٍ** أمام الجامعة. ⟵ توقّفت **سيارةُ أجرةٍ** أمام الجامعة.

أخّر المرور **الطلابَ** عن الفصل. ⟵ تأخّر **الطلابُ** عن الفصل بسبب المرور.

✶ **لاحظوا:** **كلّم** = **تكلّم مع**	–	**حدّث** = **تحدّث مع**	
أمثلة: **كلّمتُ** أصدقائي.	=	**تكلّمتُ مع** أصدقائي.	
حدّثَنا الأستاذ عن القواعد.	=	**تحدّث** الأستاذ **معنا** عن القواعد.	

٢) حولوا من الوزن الثاني إلى الوزن الخامس مع عمل ما يلزم:

2) Change from Form II to Form IV, making the necessary changes:

١. حسّنت الحكومة مستوى التعليم في المدارس.

٢. يعلِّم المدرسون الطلابَ في الجامعة.

٣. غيّرت الحكومة سياستها.

٤. أثّرت استقالة الرئيس على البورصة.

٥. تخرّج الجامعةُ الأمريكيةُ عددًا كبيرًا من الطلاب كل سنة.

٦. طوّر الصينيون اقتصاد بلدهم.

٧. ذكّرت المدرسة الطلاب بمعنى الكلمة.

٨. أخّرني الزحام الشديد عن موعدي.

٩. حطّم الصاروخ الطائرة تمامًا.

١٠. طوّرت الجامعة وسائل جديدة لتعليم اللغة.

١١. حرّر الجيش البلاد من الاحتلال الأجنبي.

١٢. مرّن المدرب الفريق ساعتين قبل المباراة.

١٣. حقّق الطلاب إنجازًا رائعًا في تعلّم اللغة.

١٤. سلّم الوزير رسالة للرئيس المصري.

١٥. كلّم أحمد سارة.

٣) اختاروا من الوزنين الثاني والخامس:

3) Choose the appropriate verb form:

١. (أثّر/تأثّر) الوضع الاقتصادي بالأحداث السياسية الأخيرة.

٢. هل (ستحقّق/ستتحقّق) أهدافُنا من دراسة اللغة العربية؟

٣. (أثّرت/تأثّرت) أحداث الحادي عشر من سبتمبر على الاقتصاد العالمي.

٤. (كلّم/تكلّم) الطالب الياباني أسرته في اليابان.

٥. (حدّدت/تحدّدت) الحكومة الخطة الاقتصادية القادمة.

٦. (قرّر/تقرّر) إنشاءُ مصنع جديد لإنتاج السيارات.

٧. (حقّقت/تحقّقت) الكثيرُ من المشروعات الجديدة.

٨. (قرّر/تقرّر) جميع الأصدقاء الاشتراك في رحلة الأقصر وأسوان.

٩. (حدّد/تحدّد) الرئيس أهداف الحكومة الجديدة.

١٠. هل (تُكلّمُ/تتكلّمُ) اللغة الفرنسية؟

١١. (ذكّر/تذكّر) الطلاب معاني الكلمات.

١٢. (كلّمتُ/تكلّمتُ) مع صديقتي.

١٣. (حرّرت/تحرّرت) مصر من الاحتلال البريطاني عام ١٩٥٦.

١٤. (حسّنَت/تحسّنت) صحتي كثيرا بعد أن أخذت هذا الدواء.

١٥. (حوّلت/تحوّلت) روسيا إلى النظام الرأسمالي بعد سقوط الاتحاد السوفيتي.

٤) حولوا أنْ + الفعل ⟵ مصدر: **4) Change أنْ + verb ⟶ مصدر :**

١. هل تستطيع أن تتحدّث في كل الموضوعات باللغة العربية؟

٢. هل حاولتم أن تتعلّموا المفردات الجديدة؟

٣. يريدان أن يتزوّجا في نهاية الشهر القادم.

٤. لا أحب أن أتكلّم معها.

٥. من المتوقع أن يتخرّج إبراهيم هذه السنة.

٦. أحاول أن أتعرّف على أصدقاء جدد في مصر.

٧. يجب أن تتوقّف عن التدخين حالاً.

٨. يريد الطلاب أن تتنوّع المقالات التي يدرسونها.

٩. لقي مصرعه بعد أن تحطّمت طائرته في الحادث.

١٠. نعمل جميعًا على أن نتقدّم في دراستنا.

أوزان الأفعال – الوزن الثالث والوزن السادس[4]

الجذر Root	حروف الزيادة Additional letters	الوزن الثالث Form III		
		الماضي	المضارع	المصدر
ف ع ل	**ف ا ع ل**	**فاعَل**	**يُفاعِل**	**مُفاعَلة / فِعال**
ر ج ع	ا	راجَعَ	يُراجِع	مُراجَعة
ش هـ د		شاهَدَ	يُشاهِد	مُشاهَدة
ر س ل		راسَلَ	يُراسِل	مُراسَلة
ق و م		قاوَمَ	يُقاوِم	مُقاوَمة
س ع د		ساعَدَ	يُساعِد	مُساعَدة
ق ت ل		قاتَل	يُقاتِل	مُقاتلة / قِتال
هـ ج م		هاجَم	يُهاجِم	مُهاجَمة

١) هاتوا الوزن الثالث (الماضي والمضارع) والمصدر من الجذور التالية:

1) Formulate Form III (past and present) and مصدر for each one of the following roots:

١. ح د ث   ٣. ع و ن

٢. ق و م   ٤. س ع د

[4] See Appendix 4 for a complete list of verb forms in Modern Standard Arabic with examples.

٥. ح ر ب   ٧. ت ب ع

٦. ه ج م   ٨. ح ك م

٢) هاتوا الفعل من الوزن الثالث للجذور التي بين القوسين وضعوه في الشكل المناسب:

2) Get Form III of the roots between the brackets and put it in the correct form to complete the sentences:

١. و _____ كل أصدقائه. (ر س ل)

٢. _____ الفلسطينيون الاحتلال الإسرائيلي. (ق و م)

٣. _____ الولايات المتحدة دولا أخرى بعد العراق. (ه ج م)

٤. نحن _____ زملاءنا دائما. (ع و ن)

٥. هل _____ صديقك في عمل الواجب؟ (س ع د)

٦. هذا الحزب _____ التفرقة بين الأجناس والأديان. (ح ر ب)

٧. نحن _____ كل الدروس التي درسناها قبل الامتحان. (ر ج ع)

٨. _____ الكثيرون هذه الحرب. (ع ر ض)

٩. _____ الشعب النظام السابق بعد إسقاطه. (ح ك م)

١٠. _____ أسرتي إلى الولايات المتحدة في القرن الماضي. (ه ج ر)

١١. سوف (أنا) _____ الدراسة بعد هذه الإجازة. (و ص ل)

١٢. _____ النواب في البرلمان على القانون الجديد. (و ف ق)

١٣. _____ المعارضة بإسقاط الحكومة. (ط ل ب)

١٤. _____ الناس البضائع المستوردة لحماية المنتجات المحلية. (ق ط ع)

الجذر Root	حروف الزيادة Additional letters	الوزن السادس Form VI		
		الماضي	المضارع	المصدر
ف ع ل	**ت ف ا ع ل**	**تفاعَلَ**	**يَتفاعَل**	**تفاعُل**
ر س ل	ت ا	تراسَلَ	يَتراسَل	تراسُل
ح ر ب		تحارَب	يَتحارَب	تحارُب
ق ت ل		تقاتَل	يتقاتَل	تقاتُل
ع و ن		تعاوَن	يتعاوَن	تعاوُن
ق ب ل		تقابَل	يتقابَل	تقابُل
ن ق ش		تناقَش	يتناقَش	تناقُش

٣) هاتوا الوزن السادس (الماضي والمضارع) والمصدر من الجذور التالية:

3) Formulate Form VI (past and present) and مصدر for each one of the following roots:

١. ع م ل
٢. ق ر ب
٣. ف هـ م
٤. ن ق ش
٥. ق ب ل
٦. ع و ن
٧. ق ت ل
٨. ح ر ب
٩. ح د ث
١٠. ر س ل

٤) هاتوا الفعل من الوزن السادس للجذور التي بين القوسين وضعوه في الشكل المناسب:

4) Get Form VI of the roots between the brackets and put it in the correct form to complete the sentences:

١. أنا وأصدقائي ___________ بانتظام. (ر س ل)

٢. سوف (نحن) ___________ في الكافيتريا بعد الدراسة. (ق ب ل)

٣. هل (أنتم) ___________ معًا في هذا الموضوع؟ (ن ق ش)

٤. ___________ هاتان الشركتان منذ سنوات طويلة. (ن ف س)

٥. ___________ أعضاء الوفد ثم قالوا كلمتهم الأخيرة. (ش و ر)

٦. ___________ الحياة بين هاتين المدينتين كثيرًا. (ش ب ه)

٧. في نهاية اللقاء ___________ الرئيسان أمام المصورين. (ص ف ح)

٨. أنا وصديقتي ___________ بشأن المشكلات التي بيننا. (ص ر ح)

٩. ___________ الأسعار كلها في السنوات الأخيرة عدة مرات. (ض ع ف)

١٠. لا أعرف كيف ___________ مع هؤلاء الناس. (ع م ل)

١١. ___________ الفريقان بلا أهداف بعد مباراة طويلة استمرت ساعتين. (ع د ل)

١٢. دراستي في الجامعة سوف ___________ مع عملي الجديد. (ع ر ض)

الثالث والسادس

لاحظوا الفرق في المعنى:

Notice the difference in meaning and structure:

الوزن الثالث	الوزن السادس

1. Form VI is reciprocal of Form III:

قرّر الطالبُ السفرَ غدًا. ← تقرّر السفرُ غدًا.

عاون **الولدُ صديقَه.** ←── تعاون **الولدُ مع صديقِه.**

تعاون **الولدُ وصديقُه.**

تعاون **الولدان.**

٥) حولوا من الوزن الثالث إلى الوزن السادس مع عمل ما يلزم (لاحظوا الفرق في المعنى):

5) Change from Form III to Form VI:

١. راسل الطالبُ أصدقاءه بانتظام.

٢. قابلتُ أختي في المطار.

٣. عاون الأطفال أمهم في أعمال البيت

٤. قاتلت القوات الحكومية القوات المهاجِمة.

٥. حاربت القوات الشمالية القوات الجنوبية.

٦. هل الحياة في القاهرة تشابه الحياة في نيويورك؟

٧. في الصورة الرئيس المصري يصافح الرئيس الهندي.

٦) اختاروا من الوزنين الثالث والسادس (لاحظوا الفرق في المعنى):

6) Choose the correct verb form:

١. (راسل / تراسل) الصحفي المصري جريدته من فرنسا.

٢. (راسل/ تراسل) الصديقان.

٣. (عاون / تعاون) الرجل زوجته في أعمال البيت.

٤. (عاون / تعاون) الرجل مع زوجته في أعمال البيت.

٥. (عاون / تعاون) الزوجان في أعمال البيت.

٦. (قاتل / تقاتل) الجيش السوداني قوات المتمردين.

٧. (قاتل / تقاتل) الجانبان الروسي والشيشاني.

٨. (عامل / تعامل) المدرس طلابه بطريقة لطيفة.

٩. (عامل / تعامل) المدرس مع طلابه بطريقة لطيفة.

١٠. (عامل / تعامل) الطلاب معًا بعنف.

٧) حولوا أنْ + الفعل ⟵ مصدر:

7) Change أنْ + verb ⟶ مصدر :

١. أحب أنْ أراسلَ كل أصدقائي.

٢. هذه الجمعية تحاول أن تساعد الفقراء.

٣. يجب أن يقاوم الإنسان الإحساس باليأس.

٤. يحاول هذا الحزب أن يحارب التفرقة بين الأجناس والأديان.

٥. من المفروض أن نراجع كل الدروس التي درسناها.

٦. من الأفضل أن نناقش هذا الموضوع في وقت آخر.

٧. نسيتُ أن أراجع المفردات قبل الامتحان.

٨. أريد أن أقابلكَ غدًا.

٨) حولوا أنْ + الفعل ⟵ مصدر:

8) Change أنْ + verb ⟶ مصدر :

١. أنا وأصدقائي المسافرين تعوّدنا على أن نتراسل بانتظام.

٢. لا أريد أن أتعاون معهم.

٣. من المتوقع أن يتحارب البلدان لوقت طويل.

٤. لا يحبون أن يتقاتلوا مع أي شخص.

٥. من المتوقع أن يتصافح الرئيسان قبل المؤتمر.

٦. هل حاولتم أن تتفاهموا حول هذا الموضوع؟

أوزان الأفعال – الوزن السابع [5]

الجذر Root	حروف الزيادة Additional letters	الوزن السابع Form VII		
		الماضي	المضارع	المصدر
ف ع ل	**ا ن ف ع ل**	**اِنْفَعَلَ**	**يَنْفَعِلُ**	**اِنْفِعال**
ك س ر	ا ن	اِنْكَسَرَ	يَنْكَسِرُ	اِنْكِسار
ق ط ع		اِنْقَطَعَ	يَنْقَطِعُ	اِنْقِطاع
ف ت ح		اِنْفَتَحَ	يَنْفَتِحُ	اِنْفِتاح
ك ش ف		اِنْكَشَفَ	يَنْكَشِفُ	اِنْكِشاف
س ر ق		اِنْسَرَقَ	يَنْسَرِقُ	اِنْسَراق
غ ل ق		اِنْغَلَقَ	يَنْغَلِقُ	اِنْغِلاق

١) هاتوا الوزن السابع (الماضي والمضارع) والمصدر من الجذور التالية:

1) Formulate Form VII (past and present) and مصدر for each one of the following roots:

١. ف ت ح
٢. س ح ب
٣. ق ط ع
٤. ك ش ف
٥. ع ق د
٦. ق ل ب
٧. ق س م
٨. ف ص ل

[5] See Appendix 4 for a complete list of verb forms in Modern Standard Arabic with examples.

لاحظوا الفرق في المعنى والتركيب:

Notice the difference in meaning and structure:

Form VII denotes passive meaning:

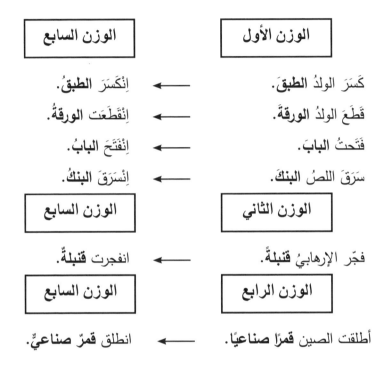

الوزن السابع		الوزن الأول
اِنْكَسَرَ الطبقُ.	←	كَسَرَ الولدُ الطبقَ.
اِنْقَطَعَت الورقةُ.	←	قَطَعَ الولدُ الورقةَ.
اِنْفَتَحَ البابُ.	←	فَتَحتُ البابَ.
اِنْسَرَقَ البنكُ.	←	سَرَقَ اللصُ البنكَ.

الوزن السابع		الوزن الثاني
انفجرت قنبلةٌ.	←	فجّر الإرهابيُّ قنبلةً.

الوزن السابع		الوزن الرابع
انطلق قمرٌ صناعيٌّ.	←	أطلقت الصين قمرًا صناعيًا.

٢) حولوا الفعل إلى الوزن السابع مع عمل ما يلزم:
2) Change the verb to Form VII, making the necessary changes:

١. فتحت القطة الباب.

٢. قطع الولد الورقة.

٣. كسرنا الشباك.

٤. سرق اللص نقودي.

٥. قطعت الهند علاقاتها مع باكستان.

٦. عقدت الدول العربية مؤتمر قمة.

٧. طبعتُ كل الأوراق المطلوبة.

٨. كتبت المدرسة أسماء الطلاب الغائبين.

٩. قسم المدرب اللاعبين إلى فريقين.

١٠. قلبت القطة كل الطعام على الأرض.

٣) اختاروا الوزن المناسب للفعل في الجمل التالية:

3) Choose the appropriate verb form:

١. (كَسَرَ / انكسر) الولد الطبق.(كَسَرَت / انكسرت) جميع الشبابيك نتيجة للزلزال.

٢. (عَقَدَ / انعقد) مجلس الوزراء الجديد اجتماعه الأول أمس.

٣. (عَقَدَ/انعقد) اجتماعٌ طارئٌ لبحث الأوضاع في الأراضي الفلسطينية.

٤. هل (سَحَبَت/انسحبت) قواتُ الجيش الهندي من كشمير؟

٥. (سَحَبَت/انسحبت) ألمانيا قواتها من فرنسا.

٦. (فَتَحَ/انفتح) الشباك من الهواء.

٧. (فجّرت/انفجرت) قنبلةٌ، مما أدى إلى مصرع عدد كبير من الناس.

٨. (قَطَعَت/انقطعت) الكهرباء والمياه بسبب الزلزال.

٩. (قَطَعَت/انقطعت) الحكومتان جميع العلاقات والاتصالات بينهما.

١٠. (سرقت/انسرقت) نقودُنا أمس.

١١. (سرق/انسرق) لصوص مجهولون البنك أمس.

١٢. ماذا سيحدث إذا (خفّضت/انخفضت) أسعارُ البترول؟

١٣. هل (كشفت/انكشفت) الشرطة سبب الحادث؟

١٤. (قسّم/انقسم) اللصوص النقود المسروقة بينهم.

٤) حولوا أنْ + الفعل ⟵ مصدر:

4) Change أنْ + verb ⟶ مصدر :

١. من المقرر أنْ تنقطع الكهرباء ساعتين اليوم.

٢. أصبح الجو باردا بعد أن انخفضت درجات الحرارة كثيرًا اليوم.

٣. من المهم أن ينفتح الاقتصاد في هذا البلد.

٤. لا أعلم شيئا عن أصدقاء المدرسة بعد أن انقطع الاتصال بيننا.

٥. تطالب مصر بأن تنسحب القوات الإسرائيلية من قطاع غزة والضفة الغربية.

٦. من المقرر أن ينعقد المؤتمر الصحفي بين الرئيسين بعد ساعة.

٧. تم إغلاق الطريق بعد أن انقلب الأوتوبيس.

٨. ليس من المتوقع أن تنخفض الأسعار أبدًا.

٩. من المنتظر أن تنكسر الموجة الحارة قريبًا.

١٠. من المتوقع أن ينفجر الموقف على الحدود قريبًا.

أوزان الأفعال - الوزن الثامن [6]

Form VIII الوزن الثامن			حروف الزيادة Additional letters	الجذر Root
المصدر	المضارع	الماضي		
اِفْتِعال	يَفْتَعِلُ	اِفْتَعَلَ	ا ف ت ع ل	ف ع ل
اِسْتِماع	يَسْتَمِع	اِسْتَمَعَ	ا ت	س م ع
اِنْتِصار	يَنْتَصِر	اِنْتَصَرَ		ن ص ر
اِجْتِماع	يَجْتَمِع	اِجْتَمَعَ		ج م ع
اِنْتِقال	يَنْتَقِل	اِنْتَقَلَ		ن ق ل
اِنْتِخاب	يَنْتَخِب	اِنْتَخَبَ		ن خ ب
اِتِّخاذ	يَتَّخِذ	اِتَّخَذَ		ء خ ذ
اِتِّحاد	يَتَّحِد	اِتَّحَدَ		و ح د
اِصْطِلاح	يَصْطَلِح	اِصْطَلَحَ	ا ط	ص ل ح
اِطِّلاع	يَطَّلِع	اِطَّلَعَ		ط ل ع
اِضْطِراب	يَضْطَرِب	اِضْطَرَب		ض ر ب
اِزدِحام	يزدَحِم	اِزدَحَم	ا د	ز ح م

[6] See Appendix 4 for a complete list of verb forms in Modern Standard Arabic with examples.

١) هاتوا الوزن الثامن (الماضي والمضارع) والمصدر من الجذور التالية:

1) Formulate Form VIII (past and present) and مصدر for each one of the following roots:

١. س م ع	٦. ج م ع
٢. ف ت ح	٧. ر ف ع
٣. و ص ل	٨. ش ر ي
٤. ن خ ب	٩. ع ر ف
٥. ن ق ل	١٠. و س ع

لاحظوا الفرق في المعنى:

Notice the difference in meaning:

الوزن الأول		الوزن الثامن
سَمِع **الأولادُ صوتَ** المطر.	←	استمع **الأولادُ** إلى **صوتِ المطر**.

Some Form VIII are reflexive of Form I, II or IV:

الوزن الأول		الوزن الثامن
نَقَلَت **المديرةُ الطالبَ** إلى فصل آخر.	←	انتقل **الطالبُ** إلى فصل آخر.
مَنَعَت **المدرسةُ الطلابَ** من الكلام.	←	امتنع **الطلابُ** عن الكلام.

الوزن الثاني		الوزن الثامن
وحّدت الاتفاقية **طوائفَ الشعب**.	←	اتّحدت **طوائفُ الشعب**.

الوزن الرابع		الوزن الثامن
أنهت **ثورةُ الشعب الاحتلالَ**.	←	انتهى **الاحتلالُ**.

٢) حولوا الفعل إلى الوزن الثامن مع عمل ما يلزم (لاحظوا الفرق في المعنى):

2) Change the verb to Form VIII, making the necessary changes (notice the difference in meaning):

١. هل سمعتِ الأغنية الجديدة؟

٢. متى نقلتم السرير إلى الغرفة الأخرى؟

٣. جمع القائد جنوده لمناقشة الخطة الجديدة.

٤. منعت الحكومة العمال من التظاهر.

٥. وحّد الإسلام القبائل في الجزيرة العربية.

٦. أخفى اللصوص النقود تمامًا.

٧. الأسلحة الحديثة نصرت الجيش في الحرب.

٨. أكمل الطلاب الواجب في ساعتين.

٩. كشف اللصوص مكان النقود للشرطة.

٣) اختاروا الوزن المناسب للفعل:

3) Choose the appropriate verb form:

١. كيف (نَقَلَت/انتقلت) الأوراقُ من على المكتب؟

٢. (نَقَلَ/انتقل) الأستاذ الكتب إلى مكتبه.

٣. (سَمِعَ/استمع) الطلاب إلى نشرة الأخبار.

٤. (أسمع/استمع) المدرس الطلاب نشرة الأخبار.

٥. (سَمِعَ/استمع) الطلاب نشرة الأخبار.

٦. (جَمَعت/اجتمعت) مديرة القسم جميع المدرسين في اجتماع طارئ.

٧. (جَمَعت/اجتمعت) مديرة القسم مع جميع المدرسين.

٨. (جَمَعَ/اجتمع) جميع المدرسين في مكتب المديرة.

٩. (أقنعت/اقتنعت) الأستاذة بضرورة تأجيل الامتحان.

١٠. (أقنع/اقتنع) الطلاب الأستاذة بضرورة تأجيل الامتحان.

١١. (أكمل/اكتمل) الموظف عمله.

١٢. (أكمل/اكتمل) بناء المصنع الجديد.

١٣. (وسّع/اتّسع) صاحب الشقة حجرة النوم بإضافة الشُرفة إليها.

١٤. (وسّع/اتَّسع) الشارعُ بعد إزالة بعض المباني القديمة على جانبيه.

١٥. (أبعد/ابتعد) رجال الشرطة الناس عن مكان الانفجار.

١٦. (أبعد/ابتعد) الناس عن مكان الانفجار.

٤) حولوا أنْ + الفعل ⟵ مصدر:

4) Change أنْ + verb ⟶ مصدر :

١. من المقرر أنْ ينتخب الناس الرئيس الجديد في نهاية السنة.

٢. يجب علينا أن نستمع إلى الأخبار.

٣. أريد أن أنتقل إلى فصل آخر.

٤. من المتوقع أن تزدحم الشوارع بعد انتهاء مباراة كرة القدم.

٥. يريدون أن يجتمعوا في بيت الجد والجدة.

٦. من المفروض أن تتخذ الحكومة إجراءات أمنية لمواجهة الإرهاب.

٧. هو لا يريد أن يقتنع بفكرة السفر للدراسة.

٨. حاولت كثيرًا أن أكتشف الأخطاء في الواجب.

٩. سوف نعقد الاجتماع بعد أن يكتمل عدد الحاضرين.

١٠. في رأيك، هل من المتوقع أن ينتصر الجيش في هذه المعركة؟

أوزان الأفعال – الوزن التاسع [7]

الجذر	حروف الزيادة	الوزن التاسع Form IX		
Root	Additional letters	الماضي	المضارع	المصدر
ف ع ل	ا ف ع ل ل	اِفْعَلَّ	يَفْعَلّ	اِفْعِلال
ح م ر	ا ر	اِحْمَرَّ	يَحْمَرّ	اِحْمِرار
خ ض ر		اِخْضَرّ	يَخْضَرّ	اِخْضِرار
ص ف ر		اِصْفَرَّ	يَصْفَرّ	اِصْفِرار

أمثلة:

- يحمرُّ وجهها عندما تسألها المدرسة.
- أعاني من الاحمرار في عينيَّ بسبب التلوث في الجو.
- تخضرُّ الأشجار في الربيع.
- تصفرّ أوراق الأشجار في الخريف.
- يعاني من اصفرار الوجه بسبب نقص التغذية.

[7] See Appendix 4 for a complete list of verb forms in Modern Standard Arabic with examples.

أوزان الأفعال – الوزن العاشر [8]

الجذر Root	حروف الزيادة Additional letters	الوزن العاشر Form X		
		الماضي	المضارع	المصدر
ف ع ل	ا س ت ف ع ل	اِسْتَفْعَلَ	يَسْتَفْعِلُ	اِسْتِفْعال
خ ر ج	ا س ت	اِسْتَخْرَجَ	يَسْتَخْرِجُ	اِسْتِخْراج
خ د م		اِسْتَخْدَمَ	يَسْتَخْدِمُ	اِسْتِخْدام
ر ج ع		اِسْتَرْجَعَ	يَسْتَرْجِعُ	اِسْتِرْجاع
ف هـ م		اِسْتَفْهَمَ	يَسْتَفْهِمُ	اِسْتِفْهام
ع م ل		اِسْتَعْمَلَ	يَسْتَعْمِلُ	اِسْتِعْمال
ق ب ل		اِسْتَقْبَلَ	يَسْتَقْبِلُ	اِسْتِقْبال

١) هاتوا الوزن العاشر (الماضي والمضارع) والمصدر من الجذور التالية:

1) Formulate Form X (past and present) and مصدر for each one of the following

١. ع م ل	٤. خ د م	٧. ب ع د

٢. ف هـ م	٥. ر ج ع	٨. م ت ع

٣. ع د د	٦. أ ج ر

[8] See Appendix 4 for a complete list of verb forms in Modern Standard Arabic with examples.

لاحظوا الفرق في المعنى:

الوزن العاشر	**الوزن الأول**

1. Requestative of I:

فَهِمَ الطلابُ معنى الكلمة. ⟵ استفهم الطلابُ عن معنى الكلمة.

نَجَدَ الشرطيُ المرأةَ. ⟵ استنجدت المرأة بالشرطي.

علمتُ اسمَ الشارع. ⟵ استعلمتُ عن اسم الشارع.

2. Doing something for one's own benefit:

عَمِلَ في بنك. ⟵ استعمل القاموسَ.

عادَ من الرحلة. ⟵ استعاد الكتابَ من صديقه.

الوزن العاشر	**الوزن الرابع**

3. Reflexive of IV:

أعدَّت المدرسةُ الطلابَ للحفلة. ⟵ استعدَّ الطلابُ للحفلة.

الوزن العاشر	**الصفة**

4. Estimative of some adjectives:

موقف الرئيس من المشكلة **غريب.** ⟵ **استغرب** الناسُ موقفَ الرئيس.

أعتقد أن وقوع الحرب شيء **بعيد.** ⟵ **أستبعدُ** وقوعَ الحرب.

٢) حولوا الفعل إلى الوزن العاشر مع عمل ما يلزم (لاحظوا الفرق في المعنى):

2) Change the verb to Form X:

١. هل فهمتم أفكار المقالة؟

٢. علمتُ برنامج الرحلة.

٣. أعدَّ الطلاب أنفسهم للامتحان.

٤. أقال الرئيس وزير الخارجية.

٥. عادت سيناء إلى مصر.

٦. أجّرت شقتي المفروشة لطالب أجنبي.

٧. أرجعتُ كل الكتب لصديقتي.

٣) اختاروا الفعل الصحيح لإكمال الجمل التالية (لاحظوا الفرق في المعنى):

3) Choose the correct verbs to complete the following sentences:

١. (فَهِمَ/استفهم) الطلاب عن معنى الجملة.

٢. (فَهِمَ/استفهم) الطلاب معنى الجملة.

٣. (عَمِلَ/استعمل) الطلاب القاموس حتى يفهموا معاني الكلمات.

٤. (يعمل/يستعمل) في شركة كبيرة.

٥. (أقال/استقال) وزيرُ الخارجية من منصبه.

٦. (أقال/استقال) الرئيسُ وزيرَ الخارجية من منصبه.

٧. (أفاد/استفاد) القاموسُ الطلابَ في فهم الكلمات الجديدة.

٨. (أفاد/استفاد) الطلابُ من القاموس في فهم الكلمات الجديدة.

٩. (بَعُدَ/استبعد) الناس حصول هذا المرشح على منصب الرئيس.

١٠. (أجاب/استجوب) الوزير على أسئلة النواب في البرلمان.

١١. (أجاب/استجوب) النوّابُ الوزير في البرلمان.

١٢. (صعّب/استصعب) الأستاذ الامتحان ليذاكر الطلاب أكثر من قبل.

١٣. (صعّب/استصعب) الطلاب الامتحان وطلبوا من الأستاذ إعادته.

١٤. (وضّح/استوضح) الطبيب من المريض أعراض المرض الذي يشكو منه.

١٥. (وضّح/استوضح) الطبيب للمريض طبيعة مرضه.

٤) حولوا أنْ + الفعل ⟶ مصدر:

4) Change أنْ + verb ⟶ مصدر:

١. من المقرر أنْ يستقبل الرئيس المصري رئيس الوزراء السوري صباح غدٍ.

٢. لا يجب أن تستعمل القاموس دائمًا.

٣. أريد أن أستفهم من المدرسة عن معنى هذه الكلمة.

٤. كان من المفروض أن يستنجدوا بالشرطة عند وقوع الحادث.

٥. من الأفضل أن تستخدموا اللغة العربية في جميع مناقشاتكم.

٦. يجب أن نستعدّ للامتحان من الآن.

٧. أحاول أن أستمتع بالإجازة قبل أن تنتهي.

٨. من فضلك، أريد أن أستعلم عن برنامج الرحلة.

٩. من الأفضل أن تستأجر شقة قريبة من مكان العمل.

١٠. هل من الممكن أن أستبدل جهاز الكمبيوتر الذي اشتريته بجهاز آخر؟

مراجعة على أوزان الأفعال (9)

1) Complete the chart:　　　　١) أكملوا الجدول:

المصدر	المضارع	الماضي	الوزن	الجذر
			IV	س ر ع
			VIII	و ص ل
			II	س و ى
		قَلَّل		
تَطَوُّر				
			VIII	ن ق د
إعلان				
	يَتَراجَع			
		استَعَدّ		
إصرار				
	يَنكَسِر			
تَعديل				
احمِرار				

(9) See Appendix 4 for a complete list of verb forms in Modern Standard Arabic with examples.

الجذر	الوزن	الماضي	المضارع	المصدر
و ف ق	III			
			يَتَقابَل	
ق ل ل	X			
		اِنـهَزَم		
				التِزام
				تأجير
				مُطالَبة
		تَخاطَب		
د هـ و ر	QII			
				ترجَمة

٢) اختاروا الوزن المناسب:

2) Choose the correct verb form

١. من الذي (حَرَّك/تَحَرَّك) الكمبيوتر من مكانه؟

٢. في جريدة الأهرام: (وَجَدت/أوجَدت) الحكومة هذا العام ١٢٠ ألف فرصة عمل.

٣. يجب أن (يُطَوِّر/يَتَطَوَّر) نظامُ التعليم الحالي.

٤. هذا هو الطبيب الذي سوف (يُدَرِّب/يَتَدَرَّب) الأطباء الجدد.

٥. هل (حَدَّد/تَحَدَّد) الرئيس موعد زيارته القادمة؟

٦. من الذي (نَشأ/أنشأ) هذا المصنع؟

٧. (خَفَضت/انخفضت) درجات الحرارة كثيرا فأصبح الجو باردًا جدًا.

٨. (سَحب/انسَحَب) بعض المرشَّحين من الانتخابات.
٩. هل (تعمل/تستعمل) في هذه الشركة؟
١٠. متى (خرّجتَ/تخرّجتَ) من الجامعة؟
١١. (أقال/استقال) الرئيس من منصبه بسبب مرضه.
١٢. سوف (تَسحَب/تنسَحِب) كل القوات من البلاد قبل نهاية العام.
١٣. قال المدرّس: "سوف (أُشرِك/أشتَرِك) الطلاب في إعداد الامتحان!"
١٤. (حَسَّنَت/تَحَسَّنَت) صحته كثيرا بعد زيارته الأخيرة للطبيب.
١٥. هل (أفادَكَ/استفادَك) شرح الأستاذ؟
١٦. (أفاد/استفاد) الطلاب من المحاضرة.
١٧. (غضب/أغضب) القانون الأخير قطاعًا عريضًا من الشعب.
١٨. (فَهِمَ/فَهَّم) الطلابُ الدرسَ.
١٩. (أخّر/تأخّر) عن موعد الفصل بسبب تعطل المترو.
٢٠. (كسرت/انكسرت) كل الأطباق بعد سقوطها على الأرض.
٢١. سوف (تحسّن/تتحسّن) لغتي العربية بفضل دراستي في مصر.
٢٢. (أقال/استقال) وزيرُ المواصلات من منصبه بعد حادث القطار.
٢٣. (ضحك/أضحك) الأولاد على النكتة.
٢٤. (أعاد/استعاد) اللص كل النقود التي سرقها.
٢٥. (قطع/قطّع) الجزار اللحم قطعا صغيرة.
٢٦. (فهم/أفهم) الأب ابنه معنى الجملة.
٢٧. (ذَكَرَت/ذكَّرت) السكرتيرة المدير بموعد الاجتماع.
٢٨. هل (أعدّ/استعدّ) الفريقُ للمباراة؟
٢٩. (عاون/تعاون) الطلابُ في حل التمارين.
٣٠. (قطعت/انقطعت) العلاقاتُ بين البلدين.

٣) اختاروا الوزن المناسب: 3) Choose the correct verb form:

١. _____ مصر الكثير من البترول من البحر الأحمر.

(تَخرُج – تُخرِج – تستخرِج)

٢. _____ الشرطي السيارة لأنها تجاوزت السرعة القانونية.

(وقَف – أوقَف – تَوقَّف)

٣. أُحاوِل أن _____ صديقي درس النحو.

(أفهَم – أُفهِم – أتفاهَم)

٤. هل _____ معك قاموس هانزفير؟

(حَضَرتَ – حَضَّرتَ – أحْضَرتَ)

٥. هل _____ هذا الدرس؟

(فَهِمتَ – أفهَمتَ – تَفاهَمتَ)

٦. يجب أن _____ الآخرين بشكل أفضل.

(تَعمَل – تُعامِل – تستعمِل)

٧. من الذي _____ قارة أمريكا؟

(كَشَف – انكَشَف – اكتشَف)

٨. تغيَّرت حياتها عندما _____ أن تدرس اللغة العربية.

(قَرَّرت – تَقَرَّرت – استقرَّت)

٩. هل _____ الطلاب للامتحان القادم؟

(عَدّ – أعَدّ – استعَدّ)

١٠. سوف _____ يوم الرحلة في الجامعة في الساعة السابعة صباحا.

(نَجمَع – نُجَمِّع – نَتَجَمَّع)

١١. عندما يغضب _____ كل شيء أمامه.

(يَكسَر – يُكَسِّر – يَنْكَسِر)

٤) املؤوا الفراغ بفعل أو مصدر من الوزن المناسب من الجذور التالية:

4) Fill in the blanks with an appropriate verb or verbal noun derived from the following roots:

١. _____ (و ص ل) نائب الرئيس السوري إلى القاهرة غدًا في _____ (ز و ر) إلى مصر _____ (ق ب ل) خلالها الرئيس المصري. و_____ (ذ ك ر) مصادر دبلوماسية في دمشق أن نائب الرئيس سـ_____(ق و م) خلال الزيارة بـ_____(س ل م) رسالة من الرئيس السوري إلى الرئيس المصري.

٢. _____ (ج ر ي) الرئيس المصري اليوم محادثات مهمة مع رئيس كازاخستان الذي _____ (و ص ل) إلى القاهرة أمس، _____ (ن و ل) دعم العلاقات الثنائية بين البلدين و_____ها (ع ز ز) في مختلف المجالات، بالإضافة إلى_____(ع ر ض) جميع القضايا الإقليمية والدولية ذات الاهتمام المشترك. ومن المقرر أن _____ (ل ق ي) الرئيس الكازاخستاني – خلال زيارته لمصر التي _____(غ ر ق) يومين – مع رئيس مجلس الوزراء المصري.

٣. _____ (و ص ل) وزير الخارجية السورية إلى أنقرة اليوم في _____ (ز و ر) قصيرة لتركيا _____ (غ ر ق) عدة ساعات. و_____ (ق و ل) مصادر بالسفارة السورية في أنقرة إن وزير الخارجية السورية سـ_____ (ل ق ي) خلال الزيارة مع وزير الخارجية التركي مشيرة إلى أن المباحثات بينهما سـ_____ (ر ك ز) على تطورات الوضع في الشرق الأوسط والقضايا الإقليمية والثنائية التي تهم البلدين.

٥) املؤوا الفراغ بفعل أو مصدر من الوزن المناسب من الجذور التالية:

5) Fill in the blanks with an appropriate verb or verbal noun derived from the following roots:

١. سوف _____ (أنا) صديقتي في المطعم الجديد. (ق ب ل)

٢. سوف أقوم بـ_____ صديقي في البحث عن شقة. (س ع د)

٣. لا يعجبني قراره، وسوف _____ه في هذا الأمر. (ن ق ش)

٤. بعد انتهاء المحاضرة، بدأت _____ حول الأفكار التي تناولتها. (ن ق ش)

٥. _____ (نحن) في المطعم الجديد. (ق ب ل)

٦. _____ بين الأصدقاء شيء مهم. (ع و ن)

٧. _____ العراق وإيران ثماني سنوات. (ح ر ب)

٨. يجب أن تحاول دول الشمال ودول الجنوب الوصول إلى _____ بين الجانبين. (ف ه م)

٩. طلبت من صديقي أن _____ معي في تنظيف الشقة. (ع و ن)

١٠. سوف _____ني صديقي في تنظيف الشقة. (ع و ن)

١١. _____ (أنا) أصدقائي أمام المتحف. (ق ب ل)

١٢. _____ (أنا) مع أصدقائي أمام المتحف. (ق ب ل)

١٣. _____ الوفد الزائر اليوم لقاءاته مع عدد من الوزراء في الدولة. (ك م ل)

١٤. من سيقوم بـ_____ الرحلة إلى شرم الشيخ؟ (ن ظ م)

١٥. _____ إلى نشرات الأخبار _____ علينا تعلّم اللغة العربية.
(س م ع)   (س ه ل)

١٦. هل (أنتم) _____ كل الواجبات إلى المدرسة؟ (س ل م)

١٧. تعمل الحكومة على _____ الخدمات والسلع الأساسية للشعب بأسعار رمزية. (و ف ر)

١٨. هل _____ الأستاذة على _____ الامتحان؟ (و ف ق) (أ ج ل)

الفصل الثامن

المشتقات من الأسماء

المشتقات من الأسماء – اسم الفاعل واسم المفعول

١. المعنى (Meaning):

The Active Participle اسم الفاعل is derived from a verb and denotes the person or persons who perform that verb.

مثلاً: كَتَبَ ← كاتِب/ كاتِبة/ كاتبان/كاتبون

- هل تعرف من كاتب هذه الرواية؟
- نجيب محفوظ كاتب عربي مشهور.

The Passive Participle اسم المفعول is derived from a verb (often transitive) and denotes the object of that verb.

مثلاً: كَتَبَ ← مَكْتوب/مَكْتوبة

- روايات نجيب محفوظ مكتوبة باللغة العربية.
- هل قرأت المكتوب في هذه الرسالة؟

٢. الصياغة (Formation):

الوزن الأول

الفعل	اسم الفاعل على وزن 'فاعِل'	اسم المفعول على وزن 'مَفْعول'
كَتَبَ	كاتِب	مَكتوب
سَمِعَ	سامِع	مَسموع
قَرأ	قارِئ	مَقروء
★ **الفعل الأجوف** زار	زائر	×

نام	نائم	×
خاف	خائف	×

الأوزان الأخرى

الفعل الماضي	الفعل المضارع	اسم الفاعل	اسم المفعول
قَدَّم	(يُـ)قَدِّم	(مُـ)قَدِّم	(مُـ)قَدَّم
شاهَد	(يُـ)شاهِد	(مُـ)شاهِد	(مُـ)شاهَد
أخرج	(يُـ)خرِج	(مُـ)خرِج	(مُـ)خرَج
انتَخَب	(يَـ)نتَخِب	(مُـ)نتَخِب	(مُـ)نتَخَب
استعمل	(يَـ)ستعمِل	(مُـ)ستعمِل	(مُـ)ستعمَل
استفاد	(يَـ)ستفيد	(مُـ)ستفيد	(مُـ)ستفاد

١) حولوا كما في المثالين: **1) Change as in the examples:**

	الفعل	اسم الفاعل	اسم المفعول
مثال ١:	كَتَبَ	كاتِب	مَكْتوب
مثال ٢:	استقبل	مُستقبِل	مُستقبَل

١. استخدم
٢. شاهد
٣. استمع
٤. أخرج
٥. فتح

٩. ترجم
١٠. فهم
١١. شرب
١٢. ساعد
١٣. صنع

٦. علَّم   ١٤. طلب

٧. تعلَّم   ١٥. أكل

٨. طبخ

٢) حولوا كما في المثال: **2) Change as in the example:**

مثال: كتب كريم الواجب ← كريم **كاتب** الواجب. الواجب **مكتوب**. قرأت هبة الدرس.

١. نفَّذ الجيش الخطة.

٢. وضعت الأستاذة الكتاب على المكتب.

٣. سمع يوسف صوت القطة.

٤. أرسل شريف الرسالة.

٥. فهم الطلاب الدرس.

٦. كسرت البنتان الطبق.

٧. ينظِّم الشرطي المرور.

٨. يستخدم الطلاب القاموس.

٩. تطبخ ليلى الطعام.

١٠. أغلقت الأستاذة الباب.

١١. ترجم هشام المقالة.

٣) استخدموا اسم الفاعل أو اسم المفعول:

3) Use اسم الفاعل or اسم المفعول as appropriate:

١. كتبنا الواجبات، الواجبات _____.

٢. شاهدنا الفيلم، نحن _____ الفيلم.

٣. رشح الحزب الديمقراطي هذه المرأة، هي _____.

٤. صنع مصنع مصري هذا القميص، القميص ـ_____ في مصر.

٥. طبخنا طعام الغداء، طعام الغداء ـ_____.

٦. عرفنا معنى الكلمة، معنى الكلمة ـ_____.

٧. أنا استخدمتُ القاموس، أنا _____ القاموس.

٨. فهمن الدرس، الدرس _____.

٩. فهمن الدرس، هن _____.

١٠. ترجم الصحفي المقالة، المقالة _____.

١١. هو يساعد المدير، هو _____ المدير.

١٢. اشترك الطلاب في الرحلة، الطلاب _____ في الرحلة.

١٣. أستمعُ إلى الموسيقى، أنا _____.

١٤. أنتَ فتحتَ الشباك، الشباك _____.

١٥. نامت الطالبة في الفصل، الطالبة _____.

١٦. نحن سنذهب إلى السينما اليوم، نحن _____ إلى السينما.

١٧. أفضّل أن أشرب الشاي، الشاي _____ي المُفَضَّل.

١٨. كسرتِ كل الأطباق، كل الأطباق _____.

١٩. تشرح المدرسة الدروس، الدروس _____.

٢٠. انتخب الفرنسيون رئيسا جديدًا، الرئيس الفرنسي رئيس _____.

٢١. استعمل الرجل السيارة، السيارة _____.

٢٢. اتّهمت الشرطة سائق التاكسي بارتكاب الجريمة، هو _____.

٢٣. أحمد وهشام سافرا إلى إيطاليا، هما _____.

٢٤. أرسل أحمد الرسالة، هو _____ الرسالة.

٢٥. يتحدّث هذا الرجل باسم الحكومة، هذا الرجل _____ باسم الحكومة.

٢٦. أيّد الحزب الجمهوري سياسة الرئيس، الحزب _____ سياسة الرئيس.

٤) املؤوا الفراغ باسم الفاعل أو المفعول من الفعل الذي بين القوسين: [1]

4) Fill in the blanks with an active or passive participle derived from the verbs between brackets:

من الـ__________؟ (سرَق)

الساعة العاشرة صباحًا. (حقَّق) الـ__________ يدخل الشقة الواقعة في الدور الخامس في عمارة صغيرة في أحد الأحياء الهادئة.

المحقق: أين الـ__________ (أبلغ)؟

البواب: أنا، بواب العمارة.

المحقق: ماذا حدث بالضبط؟

البواب: كنت (نزل) __________ من غرفتي فوق السطوح في الساعة السابعة صباحا لأبدأ عملي اليومي عندما وجدت باب الشقة (فتَح) __________.

المحقق: هل وجدتَه (كسَر) __________؟

البواب: لا، كان (فتَح) __________ بالمفتاح.

المحقق: وماذا بعد؟

البواب: كانت الشقة (أظلم) __________ وكل الشبابيك (أغلق) __________، فأصحاب الشقة (سافر) __________ منذ مدة طويلة ويحضرون في إجازات قصيرة في الصيف فقط.

المحقق: همممم، ثم ماذا؟

البواب: كانت كل أبواب الغرف (أغلق) __________ إلا غرفة واحدة. دخلتها وفتحت النور.

المحقق: أي غرفة؟

البواب: هذه الغرفة. غرفة نوم (صحِب) __________ الشقة.

---

[1] See Appendix 6 for meanings of vocabulary items if needed.

المحقق   : وماذا وجدت فيها؟

البواب   : وجدت الدولاب (فتح) _____ وكل الملابس التي كانت فيه
وأشياء أخرى على الأرض كما ترون الآن. أدراج المكتب كلها كانت
(كسر) _____ وكل ما فيها على الأرض. لا أعرف هل هناك
أشياء (سرق) _____ أم لا.

الشرطي : أيها (حقّق) الـ_____، وجدنا هذا القلم على الأرض خلف باب
الشقة.

المحقق   : أين هو؟

الشرطي : ها هو.

المحقق   : إنه (صنع) _____ من الذهب و(كتب) _____ عليه
حرفان ... أول حرفين من اسم (صحب) _____ـه. إذن يجب
أن نبحث الآن عن (صحب) _____ القلم، ويجب أن نتصل
بـ (صحب) _____ الشقة (سافر) _____ حالاً.
(للبواب) هل تعرف تليفونه أو عنوانه؟

المشتقات من الأسماء – اسم المكان

اسم المكان is a noun derived from the verb and indicates the place where the verb occurs.

		مفتوح/مضموم الوسط في المضارع	
الوزن الأول Form I	الماضي	المضارع	اسم المكان (مَفعَل)
	كَتَبَ	يَكتُب	مَكتَب
	لَعِبَ	يلعَب	مَلعَب
	مكسور الوسط في المضارع		
	الماضي	المضارع	اسم المكان (مَفعِل)
	جَلَسَ	يَجلِس	مَجلِس
الوزن الثاني إلى العاشر Forms II – X	الماضي	المضارع	اسم المكان (على وزن اسم المفعول)
	استشفى	يستشفِي	مُسْتَشْفَى
	التقى	يلتقِي	مُلتَقَى
	جَمَّع	يجَمِّع	مُجَمَّع

١) أكملوا باسم المكان المناسب:

1) Complete with the appropriate noun of place:

١. المكان الذي نلعب فيه هو _____.

٢. المكان الذي ندخل منه هو _____.

٣. المكان الذي نطبخ فيه هو _____.

٤. المكان الذي نمشي فيه هو _____.

٥. المكان الذي نجلس فيه هو __________.

٦. المكان الذي نطلع فيه هو __________.

٧. المكان الذي فيه التُحَف هو __________.

٨. المكان الذي نستشفي فيه هو __________.

٩. المكان الذي نكتب فيه هو __________.

١٠. المكان الذي نأكل فيه الطعام هو __________.

٢) هاتوا اسم المكان من الأفعال التالية واستعملوه في جملة مفيدة:

2) Form اسم المكان from the following verbs and use it in a meaningful sentence:

١. رسَم – يرسُم

٢. خرَج – يخرُج

٣. درَس – يدرُس

٤. رقَص – يرقُص

٥. كتَب – يكتُب

٦. صنَع – يصنَع

٧. صعَد – يصعَد

٨. سكَن – يسكُن

٣) املؤوا الفراغ باسم المكان من الفعل الذي بين القوسين:

3) Fill in the blanks with اسم المكان derived from the verbs between brackets:

أين نسكن؟

اسمي عماد. أنا مهندس بترول. أعمل حاليًا في شركة كبيرة في القاهرة وسوف أنتقل الشهر القادم للعمل في فرع الشركة في دبي. يجب أن أبحث عن __________ (سكَن – يسكُن) مناسب لأن أسرتي سوف تنتقل معي إلى هناك.

أولاً، يجب أن يتكون البيت من ثلاث غرف للنوم وحمامين على الأقل. نحتاج كذلك إلى __________ (طبَخ – يطبُخ) واسع و __________ (كان – يكون) واسع

للمعيشة. أولادي يريدون أن يكون البيت قريبا من _____ (لعب – يلعب)

لكرة القدم. زوجتي تريده أن يكون قريبًا من _____ (استشفَى– يستشفِي) لأنها

ستعمل ممرضة هناك. وطبعًا يجب أن يكون البيت قريبًا من _____ (ركز –

يركز) تجاري ليكون شراء الأشياء الضرورية سهلاً. زوجتي تريد أن يكون البيت كذلك

قريبًا من _____ (درس– يدرُس) الأولاد ليذهبوا وحدهم إليها كل يوم. نريده

أن يكون قريبًا أيضًا من _____ (كتب – يكتب) عامة لأننا نحب القراءة كثيرًا.

باختصار، نحن نبحث عن مسكن في _____ (وقَع – يقع) متميز. تُرى، كم

سيكون إيجار هذا _____ (سكَن – يسكُن)؟

الفصل التاسع
أسلوب التفضيل

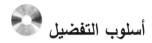

أسلوب التفضيل

1. The **comparative** adjective, **اسم التفضيل**, is derived by taking the root of an adjective and putting it in the أفْعَل pattern, e.g.:

سريع ⟵ أسْرَع   جميل ⟵ أجْمَل

★ **لاحظوا:** مُهِمّ (الجذر: هـ م م) ⟵ أهَمّ

جديد (الجذر: ج د د) ⟵ أجَدّ

حُلو (الجذر: ح ل و) ⟵ أحْلَى

غَنِيّ (الجذر: غ ن ي) ⟵ أغْنَى

اسم التفضيل is always used in the masculine singular form and it is always indefinite, e.g.:

- القطارُ سريعٌ.   الطائرةُ سريعةٌ. ⟵ الطائرةُ أسرعُ من القطارِ.
- هي صغيرةٌ.   هو صغيرٌ. ⟵ هي أصغرُ منه.
- الأستاذات لطيفات. الأساتذة لطاف. ⟵ الأستاذات ألطفُ من الأساتذة.

١) حولوا كما في المثال: **1) Change as in the example:**

مثال: المطعم **قريب** – السينما ⟵ المطعم **أقربُ** من السينما.

١. حجرة النوم **واسعة** – حجرة السفرة
٢. الصف **كبير** – مكتب المدرسة
٣. هذه المقالة **صعبة** – تلك المقالة
٤. نهر النيل **طويل** – نهر الأمازون
٥. الأتوبيس **رخيص** – القطار
٦. هذا الطبيب **مشهور** – ذلك الطبيب

٧. الولدان **صغيران** – البنتان

٨. هذه المهندسة **ناجحة** – زميلتها

٩. الدراسة **هامّة** – الذهاب إلى السينما

١٠. كتابي **جديد** – كتابك

١١. هذه السيارة **غالية** – تلك السيارة

١٢. الكشري **لذيذ** – الفول

١٣. الدرس الثاني **سهل** – الدرس الأول

١٤. هذه العمارة **عالية** – تلك العمارة

١٥. الجو اليوم **جميل** – الجو أمس

2. The **superlative** adjective, like the comparative adjective, follows the **أفْعَل** pattern. It forms an إضافة with the noun that comes after it, examples:

- نهرُ النيلِ **أطولُ نهرٍ** في العالم.
- نهرُ النيلِ **أطولُ الأنهارِ** في العالم.
- هي **أصغرُ بنتٍ** في العائلة.
- هي **أصغرُ البناتِ** في العائلة.
- القاهرة هي **أكبرُ مدينةٍ** مصرية.
- القاهرة هي **أكبرُ المدنِ** المصرية.

2) Change as in the example: **٢) حولوا كما في المثال:**

مثال: هذا نهرٌ **طويلٌ**. ← هذا **أطولُ** نهرٍ. هذا **أطول** الأنهار.

١. هذه بنت **جميلة**.	٦. هذا صديق **عزيز**.
٢. هذا شارع **ضَيِّق**.	٧. هذا موضوع **هامّ**.
٣. هذه سيارة **غالية**.	٨. هذا كاتب **مشهور**.

٤. هذا رجل **ذكي**. ٩. هذه سيارة **قديمة**.

٥. هذه مقالة **صعبة**. ١٠. هذه مدينة **جميلة**.

3. The superlative adjective can be used in a different construction as in the following examples:

- نهرُ النيلِ هو النهرُ **الأطولُ** في العالمِ. / نهر النيلُ هو **الأطولُ** في العالمِ.
- هي البنتُ **الأجملُ** في العائلة. / هي **الأجملُ** في العائلة.

3) Change as in the example: ٣) حولوا كما في المثال:

مثال: هذا **أطولُ** نهرٍ في العالم. ⟵ هذا هو النهر **الأطول** في العالم.

١. هذه **أكبر** مدينة.

٢. هذا **أضيق** شارع في هذه المدينة.

٣. هذا **أغلى** مطعم.

٤. هذه **أصغر** بنت.

٥. هذه **أصعب** مقالة في فصل القراءة.

٦. هذا **أعزّ** صديق لي.

٧. هذا **أهمّ** موضوع في المؤتمر.

٨. هذا **أشهر** كاتب في مصر.

٩. هذا **أغنى** رجل في العالم.

١٠. هذه **أقدم** سيارة.

١١. هذه **أجمل** مدينة في مصر.

١٢. هذا **أعظم** قائد في التاريخ.

٤) كوّنوا جملاً كما في المثال: **4) Form sentences as in the example:**

مثال: سيارتي – جديد ⟵ سيارتي **أجدّ** من سيارة أخي.

١. أسرتي – كبير
٢. دراسة اللغة العربية – سهل
٣. الحياة في مدينة كبيرة – صعب
٤. أخي – قريب
٥. شقتي الجديدة – بعيد
٦. هذا الصديق – حبيب
٧. الدراسة في جامعتي – غالٍ
٨. طعام أمي – شهيّ
٩. وظيفتي الحالية – مهمّ
١٠. هذا المغني – شهير

٥) كوّنوا جملا كما في المثال: **5) Form sentences as in the example:**

مثال: طويل ⟵ أنا أطول **طالب** في الفصل.

١. لذيذ
٢. ضَخم
٣. عزيز
٤. شهير
٥. لطيف
٦. سيئ
٧. حسن
٨. حلو
٩. ذكيّ
١٠. غنيّ

٦) صفوا الصورة. استعملوا اسم التفضيل:

6) Describe the picture. Use the comparative adjective:

أي سيارة أفضل؟

عادل يريد أن يشتري سيارة بعد أن يتخرج من الجامعة. أي سيارة يشتري ولماذا؟

٧) اختبار في المعلومات العامة. أجيبوا على الأسئلة التالية:

7) Test your general knowledge. Answer the following questions:

(من الممكن الاستعانة بالإنترنت للحصول على معلومات)

١. ما هو أعلى جبل في العالم؟
٢. من هو أغنى شخص في العالم؟
٣. ما هي أكبر مدينة في مصر؟
٤. ما هو أطول نهر في العالم؟
٥. ما هو أعلى بناء في العالم؟
٦. ما هي أصغر بحيرة في العالم؟
٧. ما هي أكبر قارة في العالم؟
٨. ما هو أسرع حيوان في العالم؟

٨) أجيبوا على الأسئلة التالية مستخدمين أسلوب التفضيل:

8) Answer the following questions using comparative and superlative adjectives:

ماذا تفضلون ولماذا؟

- الشاي أم القهوة
- الربيع أم الخريف
- التعبير عن النفس بالكلام أم بالكتابة
- القطط أم الكلاب
- شروق الشمس أم غروبها

الفصل العاشر
المنصوبات

المنصوبات – المفعول المطلق

The مفعول مطلق is an indefinite مصدر derived from the main verb of the sentence. It serves to emphasize the meaning or describe the action of the verb. It is always منصوب, examples:

١. نمتُ **نومًا**.

نمتُ **نومًا عميقًا**.

نمت **نومًا خفيفًا**.

٢. يزدحم الطريق في هذا الوقت **ازدحامًا**.

يزدحم الطريق في هذا الوقت **ازدحامًا شديدًا**.

٣. تلوث الجو بسبب الحريق **تلوثًا**.

تلوث الجو بسبب الحريق **تلوثًا شديدًا**.

١) أكملوا بالمفعول المطلق المناسب:

1) Complete the following sentences using the appropriate

مفعول مطلق :

١. يحبُّ النوم _____ كبيرًا.

٢. من الواضح أنّك قرأت القصة _____ سريعةً.

٣. نام الطفل _____ عميقًا.

٤. قررتُ أن أسافر _____ قصيرًا.

٥. ارتفع صوت الوزير أثناء الحديث _____ .

٦. رحّب الناس بقرار الحكومة _____ كبيرًا.

٧. هجم رجال الشرطة على الإرهابيين _____ مُفاجِئًا.

٨. ما أجابت المدرسة على السؤال ____________ واضحةً.

٩. ساعدتْه ________ صغيرةً.

١٠. زاد عدد السكان _________ كبيرةً.

١١. ترجم المقالة _________ غيرَ مفهومةٍ.

١٢. استعدّ للامتحان ___________ ضعيفًا.

١٣. يرسم هذا الفنان ________ جميلاً.

١٤. فهمنا الدرس ________ عميقًا.

١٥. يتعاون الأصدقاء __________ مستمرًا.

٢) استعملوا كل مصدر من المصادر التالية في جملة كمفعول مطلق:

2) Use each مصدر in a sentence as a مفعول مطلق :

١. استعداد	٤. زيادة
٢. حُبّ	٥. تعاون
٣. تطوُّر	٦. مناقشة

★ **Note:** It is possible in some cases (with adjectives **طويل، كثير، قليل، جيد**) to omit the **مصدر** and use the adjective in the **masculine** form:

مثلاً: نمت **نومًا طويلاً.** ⟵ نمت **طويلاً.**

ساعدونا **مساعدةً قليلةً.** ⟵ ساعدونا **قليلاً.**

راجعت الدروس **مراجعةً كثيرةً.** ⟵ راجعت الدروس **كثيرًا.**

٣) حولوا كما في الأمثلة السابقة:

3) Change as in the above examples:

١. لم نستفِد استفادةً كثيرةً من المحاضرة.

٢. تحدثت مع صديقتي حديثًا طويلاً.

٣. هل استعددتِ استعدادًا جيدًا للرحلة؟

٤. أسافر سفرًا كثيرًا إلى شرم الشيخ.

٥. لماذا قابلتم المديرة مقابلةً طويلةً؟

٦. فهمت أفكار المقالة فهمًا قليلاً.

٤) أكملوا الفقرة التالية باستعمال مفعول مطلق مناسب: [1]

4) Complete the following passage using appropriate مفعول مطلق :

صفات مقترحة:

كبير – ملحوظ – واضح – ملموس – بالغ – بسيط – رائع – واسع – طفيف – قليل – مباشر – جذري

رئيس الوزراء ضيف في برنامج تليفزيوني معروف يتكلم فيه عن الإنجازات الرائعة لحكومته في السنوات الماضية:

المذيعة (م): هل من الممكن أن توضح لنا سيادتك أهم الإنجازات التي تمت في السنوات الماضية؟

رئيس الوزراء (ر): إنجازات عديدة. لقد انخفضت الأسعار ____________ ____________

م: كل الأسعار؟

ر: معظم الأسعار، فمثلاً، أسعار السلع الأساسية انخفضت ____________ ____________.

م: ولكن أسعار الشقق مثلاً والأراضي ارتفعت ____________ ____________.

ر: لا، في الواقع هذه مبالغة، فأسعار الشقق والأراضي ارتفعت ________ ________ فقط، ولكن هذا لأسباب لا نستطيع أن نتحكم فيها.

م: هممم ... وما هي الإنجازات الأخرى؟

ر: المرور. لقد تحسن المرور في القاهرة ________ ________ وأصبح الانتقال من مكان إلى آخر أمرًا سهلاً جدًا.

م: ولكن ماذا عن ساعات الذروة؟

ر: ساعات الذروة استثناء في كل مكان في العالم.

م: هممم ... وما هي الإنجازات الأخرى؟

ر: لقد اهتمّت حكومتي بالثقافة ________ ________ فرفعت الميزانية المخصصة لوزارة الثقافة ________ ________.

م: وكيف أثّر ذلك على الثقافة؟

ر: كيف؟ لقد أثّر ذلك على الثقافة ________ ________ فزادت الأنشطة الثقافية التي تقدمها الوزارة ________ ________.

م: أظن أن هذه الأنشطة زادت ________ ________ وليست ________ ________ كما تذكر.

ر: هذا كلام غير صحيح. كما أن وزارتي اهتمت بالتاريخ وبالآثار القديمة ________ ________ كما حدثت خلال السنوات الأخيرة اكتشافات مذهلة سوف تغيّر فَهمَنا للتاريخ ________ ________.

م: هممم ... وماذا أيضًا؟

ر: البنية التحتية. لقد تطوّرت البنية التحتية في السنوات الماضية

___________ ___________ وهذا انعكس ___________

___________ على كل جوانب كثيرة في الحياة ...

م: على العموم، نحن نشكر سيادتك على حضورك معنا في هذا البرنامج ونرجو أن تكون لنا لقاءات أخرى في المستقبل إن شاء الله.

٥) أجيبوا على الأسئلة التالية مستخدمين المفعول المطلق كما في المثال:

5) Answer the following questions using المفعول المطلق as in the example:

المثال: لماذا تشرب القهوة؟ ← لأنني أحبها حبًا شديدًا.

١. كيف حصلتَ على درجة ممتازة في الامتحان؟

٢. لماذا لم تعمل الواجب؟

٣. لماذا أنت سعيد؟

٤. كيف تستخدم القاموس خلال القراءة؟

٥. لماذا لم يفهم الناس خطاب الرئيس؟

٦. لماذا وصلت إلى الصف متأخرًا؟

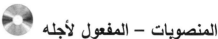 المنصوبات – المفعول لأجله

The مفعول لأجله is an indefinite مصدر in the منصوب case used in a sentence to give a reason, or a purpose for the action of the main verb.

أمثلة:

١. قرأتُ الجريدة (لماذا؟) ←——— رغبةً في معرفة الأخبار.(لأنني أرغب في...)

٢. كتب الصحفي مقالة (لماذا؟) ←——— تعليقًا على الأحداث. (بهدف التعليق على...)

٣. سألنا المدرّسة (لماذا؟) ←——— طلبًا للفهم.(لأننا نطلب...)

٤. أنشأت الحكومة مترو الأنفاق (لماذا؟) ←——— تسهيلاً لحركة المواصلات. (لتسهّل ..)

✶ Note that the preposition لـ is used with the مفعول لأجله (examples 3 and 4), except when the verb has its own preposition (examples 1 and 2).

١) استخرجوا المفعول لأجله من الجمل التالية:
1) Identify the مفعول لأجله in the following sentences:

١. قام سكان عدد من الأحياء في القاهرة بالإضراب احتجاجًا على سياسات الحكومة.

٢. قامت الحكومة البريطانية بطرد أربعة دبلوماسيين أجانب ردًا على موقف حكومتهم.

٣. مازالت عمليات الإنقاذ مستمرة ليلاً ونهارًا بحثًا عن أحياء تحت أنقاض البيوت التي تهدّمت على أثر الزلزال.

٤. انتشرت قوات البوليس انتشارًا واسعًا تحسبًا لأية مظاهرات قد تخرج للاحتجاج على ممارسات الحكومة.

٥. قامت قوات البوليس بإخلاء المباني في الحي الذي وقع فيه الانفجار خوفًا من وجود قنابل أخرى.

٦. بدأت وفود الدول العربية مباحثاتها تمهيدًا لانعقاد مؤتمر القمة في الشهر القادم.

٧. تجمّع الناس في الميادين ليلاً استعدادًا لاستقبال العام الجديد.

٨. تظاهر العمال أمام المصنع تعبيرًا عن رفضهم للسياسات الجديدة للإدارة.

٢) عبروا عن نفس المعنى باستعمال المفعول لأجله:

2) Express the same meaning using المفعول لأجله :

١. سافر إلى شاطئ البحر ليهرب من حر القاهرة.

٢. حاولت أكثر من مرة لأنها ترغب في تحسين مستواها في اللغة العربية.

٣. ذاكروا كثيرًا للاستعداد للامتحان.

٤. أخلى رجال الشرطة المبنى بسبب الخوف من انفجار قنبلة.

٥. كتبت هذا الخطاب لأسرتي لأردّ على أسئلتهم عن الحياة في مصر.

٦. كتب الصحفي مقالة ليعلق على الأحداث.

٧. تكلم مع المدرسة ليستفهم عن موعد الامتحان.

٨. خرجت الوزيرة من الاجتماع لتعبر عن غضبها.

٩. اجتمع وزراء الخارجية ليمهدوا لمؤتمر القمة.

١٠. أغلقنا كل الشبابيك لأننا نخاف من العاصفة.

٣) أجيبوا عن الأسئلة باستعمال مفعول لأجله (استعملوا الفعل الذي بين القوسين):

3) Answer the following questions using a مفعول لأجله . (Use the verbs between brackets):

١. لماذا وقف هشام في محطة المترو؟ (انتظر)

٢. لماذا يقرأ آدم كثيرًا؟ (بحث عن)

٣. لماذا اشترى كريم هدية غالية لأمينة ؟ (أحب)

٤. لماذا ساعدتُهم في دراستهم؟ (رغب في)

٥. لماذا سافرت فريدة إلى دبي ؟ (رغب في، بحث عن)

٦. لماذا جرى سامح في الشارع ؟ (هرب من، خاف من)

٧. لماذا طبخت ليلى طعاما كثيرًا ؟ (استعدّ لـ)

٨. لماذا ذهبا إلى دار الأوبرا ؟ (أحب، رغب في)

٩. لماذا لم يقولوا الحقيقة ؟ (خاف من)

١٠. لماذا فتح هشام التليفزيون؟ (رغب في، بحث عن)

١١. لماذا تبادل رئيسا البلدين الزيارات ؟ (عزّز)

١٢. لماذا بذل الطلاب جهدًا كبيرًا في دراسة اللغة العربية ؟ (أحبّ، رغب في)

١٣. لماذا اجتمع وزراء الخارجية ؟ (بحث عن)

١٤. لماذا خرجت مظاهرات كبيرة في الشوارع ؟ (احتجّ على / عبّر عن)

١٥. لماذا امتنع الطلاب عن حضور جميع الفصول ؟ (احتجّ على / عبّر عن)

٤) استعملوا كل مصدر كمفعول لأجله في جملة مفيدة:

4) Use the following مصادر as مفعول لأجله in sentences of your own:

١. تعبير عن	٣. خوف من	٥. محاولة لـ
٢. احتجاج على	٤. استعداد لـ	٦. هروب من

٥) استخدموا مصادر الأفعال التالية كمفعول لأجله مرة وكمفعول مطلق مرة أخرى:

5) Use the مصادر of the following verbs as مفعول مطلق and مفعول لأجله as in the example:

مثال: خاف – يخاف ← **المصدر:** خوف

مفعول لأجله: يجري الرجل **خوفـًا** من الكلب.

مفعول مطلق: بعض الناس يخافون من الظلام **خوفـًا** شديدًا.

١. حَسَّن	٥. أنتج
٢. اِحتَجّ على	٦. نَفَّذ
٣. استمتع بـ	٧. زاد
٤. حارب	٨. احتفل بـ

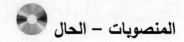

المنصوبات – الحال

The حال clause is a construction which describes the state of the subject while performing the action of the main verb or the circumstances of the main verb. The حال construction can t ake different forms:

أمثلة:

■ عاد الوزير من رحلته الأخيرة **حاملاً** معه رسالة من الرئيس السوداني.

In the previous example الحال is an indefinite اسم فاعل in the منصوب case.

■ ذهبتُ إلى الجامعة **وأنا سعيدة**.

In the previous example الحال is a جملة اسمية with the مبتدأ being the pronoun أنا and the خبر being سعيدة. The و is called واو الحال.

■ ذهبتُ إلى الجامعة **ومعي كتبٌ كثيرة**.

In the previous example, الحال is a جملة اسمية with a fronted predicate خبر مقدّم.

■ دخلت الفصل **وهي تضحك**.

In the previous example, الحال is also a جملة اسمية with the مبتدأ being the pronoun هي and the خبر being a فعل مضارع. This حال clause can also be expressed as فعل مضارع:

■ دخلت إلى الفصل **تضحك**.

The following table summarizes the different forms of the حال clause:

■ مفرد منصوب (اسم فاعل أو اسم مفعول أو صفة)
■ و + جملة اسمية (الخبر مفرد أو شبه جملة أو فعل مضارع)
■ جملة فعلية (فعل مضارع)

١) استخرجوا الحال في الجمل التالية:

1) Identify الحال in the following sentences:

١. نحب أن نأكل الطعام ونحن نشاهد التليفزيون.
٢. دخلت الأستاذة إلى الصف حاملة امتحانات الطلاب.
٣. جلست طويلاً أمام البحر أستمتع بالشمس والهواء.
٤. رجع من رحلته الأخيرة وهو تعبان جدًا.
٥. يجلس في المكتبة وأمامه كتب كثيرة.

٢) أكملوا الفراغات بـ 'واو الحال + ضمير' لتكوين جملة الحال:

2) Fill in the blanks with واو الحال + pronoun to form a حال clause:

١. سمعنا الأغاني الجديدة ________ ________ في الطريق إلى الإسكندرية.
٢. قرأتْ الجريدة ________ ________ واقفة في المطبخ.
٣. وقع الطفل ________ ________ يحاول تسلق الشجرة.
٤. أشاهد الأخبار في التليفزيون ________ ________ أشعر بالقلق.
٥. قابلتُه ________ ________ يشعر بالسعادة بعد حصوله على الجائزة.
٦. تغير الجو فجأة ________ ________ أسبح في وسط البحر.
٧. سرق اللص نقوده ________ ________ واقف في المترو.
٨. استمر رئيس المجلس يتكلم ________ ________ مريض.

٣) أكملوا بجملة حال اسمية:

3) Complete the sentences with a حال جملة اسمية :

١. سافر و...
٢. تكلمنا معها و...
٣. ذهبنا إلى السينما و...
٤. دخل الطلاب الفصل و...

٥. أكلت الطفلة الشوكولاتة و...

٦. شربت العصير و...

٧. سبحوا في البحر و...

٨. قرأتُ الرسالة و...

٩. قابل صديقته و...

١٠. راح في نوم عميق و...

٤) غيروا باستعمال الحال كما في المثال:

4) Change the following sentences and use الحال **construction as in the example:**

مثال: كان مريضًا **عندما** خرج من البيت. ← خرج من البيت وهو **مريضٌ.**

١.   كنا نشرب القهوة عندما رجعنا إلى الفصل.

← رجعنا إلى الفصل و ...

٢.   كنتُ غاضبًا/غاضبةً عندما تكلمتُ معه.

← تكلمت معه و ...

٣.   كان الطلاب في الفصل عندما جاءت المدرسة.

← جاءت المدرسة و ...

٤.   نستمع إلى المدرسة عندما تشرح الدرس.

← نستمع إلى المدرسة و ...

← تشرح المدرسة الدرس و ...

٥.   كانت صورته أمامها عندما كانت تفكر فيه.

← كانت صورته أمامها و ...

← كانت تفكر فيه و ...

٦. كان الطفل خائفاً عندما كان يشاهد الفيلم.

← كان الطفل يشاهد الفيلم و ...

٧. كان الطلاب يتكلمون ويضحكون عندما دخلوا الفصل.

← دخل الطلاب الفصل و ...

٨. كان مع المدرسة كتابها وأوراقها عندما جاءت إلى الفصل.

← جاءت المدرسة و ...

٩. ستكون المديرة في مكتبها عندما نذهب لمقابلتها.

← سنذهب لمقابلة المديرة و ...

١٠. كان في العاشرة من عمره عندما جاء إلى مصر لأول مرة.

← جاء إلى مصر و ...

١١. نكون في الفصل عندما نسمع ضجيجا في الشارع.

← نسمع ضجيجا في الشارع و ...

١٢. سيكون الجو رائعا عندما يصلون إلى شرم الشيخ.

← سيصلون إلى شرم الشيخ و ...

٥) أجيبوا على الأسئلة باستعمال الحال:

5) Answer the following questions using الحال construction:

١. كيف رجعتم من الحفلة؟

٢. كيف تدرس في المساء؟

٣. كيف تنامين كل ليلة؟

٤. كيف تجلس في الصف؟

٥. كيف تشاهدين هذه الأفلام المخيفة؟

٦. كيف تتناول العشاء؟

٧. كيف تقرأ الجريدة كل صباح؟

٨. كيف تسافرون عادة؟

٦) صفوا الصور التالية باستعمال الحال:

6) Describe the following pictures using الحال construction:

٧) اكتبوا في كل من الموضوعين التاليين:

7) Write about each of the following topics:

١. تخيل أنك ربحت مليون دولار في مسابقة للمعلومات العامة. تخيل حالك عندما اشتركت في المسابقة، وعندما علمت بفوزك فيها، ثم ضع خطة لما تنوي أن تفعله بهذه النقود. استعمل الحال في كل جملك.

٢. تخيل أنك قمت برحلة سياحية إلى مكان ما، ولكن كل شيء في هذه الرحلة كان سيئا جدًا: الرحلة بالطائرة والجو والفندق والأسعار. اكتب عن هذه الرحلة وعن أحوالك خلالها.

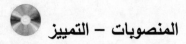

المنصوبات – التمييز

التمييز is a construction that describes what distinguishes the described entity. It can occur in different forms. One way to use **التمييز** is in comparative and superlative constructions to specify in what way the described entities are compared. It is usually an indefinite noun or **مصدر** in the **منصوب** case. Examples:

- التليفزيون أكثر **تأثيرًا** على الناس من الراديو.
- السفر بالقطار أقل **سعرًا** من السفر بالطائرة.
- القاهرة أكثر مدن مصر **ازدحامًا**.

✶ Note that if **التمييز** is a **مصدر** derived from a verb that takes a preposition, this preposition is used in the **تمييز** construction as in the following example:

رغِب – يرغب في ⟵ رغبة في

أنا أكثر منك **رغبةً في** حضور الحفلة.

If **التمييز** is a **مصدر** derived from a transitive verb, the preposition **لـ** is used as in the following example:

أنتَج – يُنتِج ⟵ إنتاج

السعودية أكثر **إنتاجًا للبترول** من مصر.

١) كوّنوا تركيب التمييز كما في المثال:

1) Form التمييز as in the following example:

مثال: مصر تنتج البترول. السعودية تنتج البترول أكثر منها.

السعودية أكثر من مصر **إنتاجًا** للبترول.

السعودية أكثر إنتاجًا للبترول من مصر.

١. هم يفهمون المقالة. أنتم تفهمون المقالة أقل منهم.

٢. هبة وشهيرة ترغبان في حضور الحفلة. إيمان ترغب في حضور الحفلة أكثر.

٣. الأسلحة التقليدية لها أثر كبير. الأسلحة الكيماوية لها أثر أكبر.

٤. عدد سكان الإسكندرية كبير. عدد سكان القاهرة أكبر.

٥. الجو في المساء أبرد. الجو في الظهر بارد.

٦. شريف يحب السمك. حازم يحب السمك أكثر.

٧. هذه الملابس بيضاء. تلك الملابس بيضاء أكثر.

٨. هل دراسة الآداب لها قيمة؟ هل دراسة العلوم لها قيمة أكثر؟

٩. هو مهتمّ بالدراسة. هي مهتمّة أقلّ منه بالدراسة.

١٠. عدد الطلاب في فصل الاستماع كبير. عدد الطلاب في فصل الإعلام أكبر.

٢) كوِّنوا تركيب التمييز كما في المثال:

2) Form التمييز as in the following example:

مثال: السعودية/الدول العربية الأخرى (إنتاج البترول)

السعودية أكثر الدول العربية **إنتاجًا** للبترول.

١. الفيل / الحيوانات الأخرى (جسم)

٢. هو / باقي طلاب الفصل (اهتمام باللغة العربية)

٣. الجو اليوم / باقي أيام الأسبوع (حرارة)

٤. الذهب / المعادن الأخرى (قيمة)

٥. سكان مصر / سكان الدول العربية الأخرى (عدد)

٦. الدرس الأول / باقي دروس الكتاب (سهولة)

٧. هذه السيارة / السيارات الأخرى (سُرعة)

٨. هذا الطفل / الأطفال الآخرون (ذكاء)

٩. هذه الوردة / الورود الأخرى (جمال)

١٠. هذه المقالة / المقالات الأخرى (صعوبة)

٣) استعملوا المصادر التالية في جمل مفيدة كتمييز:

3) Make sentences in which the following مصادر occur as تمييز :

١. سهولة	٦. اهتمام
٢. هدوء	٧. تعاوُن
٣. غباء	٨. نجاح
٤. قوة	٩. صبر
٥. حرارة	١٠. وضوح

٤) اكتبوا فقرة عن الموضوع التالي مستخدمين أسلوب التفضيل والتمييز:

4) Write a paragraph about the following topic using the comparative and superlative adjectives and التمييز :

دعاية انتخابية

اختاروا لأنفسكم منصبا تريدون أن تترشّحوا فيه. اكتبوا لماذا أنتم أفضل من يمكن أن يشغل هذا المنصب. **مثلاً:**

"أريد أن أترشح لمنصب وزير اللغة العربية فأنا **أحسن** من يقوم بهذا العمل لأنني **أقوى** الناس في اللغة العربية. أعدكم بأن أصلح اللغة العربية."

٥) ماذا تفضّلون ولماذا؟ اكتبوا فقرة واحدة مستعملين أسلوب التفضيل والتمييز:

5) What do you prefer? Write one paragraph giving reasons for your choice using the comparative and superlative adjectives and التمييز:

- الحياة في مدينة كبيرة أم الحياة في مدنية صغيرة في الريف؟
- السفر بالسيارة أم السفر بالطائرة؟
- كتابة رسائل بالبريد الإلكتروني أم كتابة رسائل عادية؟

- مشاهدة فيلم في السينما أم مشاهدة فيلم في التليفزيون؟

- السكن في شقة صغيرة أم السكن في بيت كبير؟

٦) اكتبوا إعلانًا عن منتج خيالي:

6) Write a paragraph about an imaginary product:

فكروا في منتج معين واكتبوا عنه باستعمال التمييز كما في المثال:

مثال:

"**سارافيكو** معجون الأسنان الأكثر جودةً وانتشارًا في العالم. **سارافيكو** يجعل أسنانك أكثر بياضًا، وابتسامتك أكثر جمالاً وإشراقًا، وأنفاسك أكثر انتعاشًا."

٧) صفوا الصورة التالية باستخدام أسلوب التفضيل والتمييز:

7) Describe the following picture using أسلوب التفضيل and التمييز :

سلمى وصديقتاها يتحدّثن عن فتى أحلامهن. قارنوا بين سلمى وصديقتيها من حيث الشكل والملابس. قارنوا أيضا بين الشباب الذين تتكلم عنهم سلمى وصديقتاها.

الفصل الحادي عشر

الاسم المثنى

الاسم المثنى

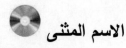

الاسم المثنى – the dual noun – is formed by adding the suffix [انِ] or [ـَيْنِ] to the singular noun. [انِ] is added if the noun is in the مرفوع case. [ـَيْنِ] is added if the noun is in the **منصوب** or **مجرور** case.

المثنى المذكر = المفرد + انِ / يْنِ
المثنى المؤنث = المفرد + (ة ⟵ تـ) + انِ / يْنِ

Examples:

ساعة **المثنى المؤنث** ↓		كِتاب **المثنى المذكر** ↓	
المنصوب/ المجرور ↓	المرفوع ↓	المنصوب/ المجرور ↓	المرفوع ↓
ساعتَيْنِ	ساعتانِ	كتابَيْنِ	كتابانِ

1) Change from singular to dual: **١) حولوا من المفرد إلى المثنى:**

١. يعمل الصحفي في قسم الحوادث بالمجلة.

٢. في الفصل كرسي مكسور.

٣. شرحت المدرسة الكلمة الجديدة.

٤. ناقش رئيس الوزراء القضية في الاجتماع.

٥. في العراق نهر واحد.

٦. سافرنا إلى مدينة صغيرة.

٧. تحدثت المديرة مع الطالب الجديد.
٨. الولد سعيد لأنه فاز في اللعبة.
٩. اشتريتُ كتابًا أمس.
١٠. قرأتُ مقالة صعبة.
١١. شاهدت البنتُ الفيلم وهي تبكي.
١٢. هل درسنا هذه الكلمة؟

If **الاسم المثنى** is the first term in an **إضافة** construction, the [ن] of the dual suffix is dropped as shown in the following table:

المثنى المضاف – حذف النون **Dual nouns as first term of إضافة** **Dropping the ن**	
مُدرِّستان + الفصل = مُدرِّستا الفصل	(مرفوع)
مُدرِّستَيْن + الفصل = مُدرسَتَيْ الفصل	(منصوب/مجرور)
مُدرِّستان + هو = مُدرِّستاهُ	(مرفوع)
مُدرِّسَتَيْن + هو = مُدرسَتَيْهِ	(منصوب/مجرور)
مُدرِّستان + أنا = مُدرِّستايَ	(مرفوع)
مُدرِّسَتَيْن + أنا = مُدرِّستيَّ	(منصوب/مجرور)

٢) حولوا من المفرد إلى المثنى: **2) Change from singular to dual:**

١. عقد مدير القسم اجتماعًا هامًا.
٢. كتاب اللغة العربية في المكتبة.
٣. ضيّعتُ مفتاح البيت.
٤. ذهبت بنتها إلى المدرسة.
٥. كتب مراسل الجريد مقالة هامة.
٦. كرسي مكتبي مكسور.
٧. والده حضر من أمريكا أمس.
٨. سافر ابنهما لاستكمال دراسته.
٩. هل بعتَ سيارتك؟
١٠. خرج كلبنا من البيت وما رجع.

٣) **ضعوا كل كلمة في المثنى ثم استعملوها في جمل مفيدة:**

3) Use the dual of each noun in a sentence:

١. كلمة	٤. جنيه
٢. فيلم	٥. مُدرِّسة
٣. قصة	٦. موظف

4) Complete the following paragraph: ٤) **أكملوا الفقرة التالية:**

أحمد ونبيل (طبيب) __________ (يعمل) ______________ في مستشفى واحد. هما (صديق) __________ و(يقضي) ____________ معظم الوقت معًا. كل صباح (يتقابل) __________ في المستشفى و...أكملوا واستعملوا ٥ أسماء على الأقل في المثنى.

٥) **املؤوا الفراغ بالشكل المناسب للكلمات التي بين القوسين:**

5) Fill in the blanks with the appropriate form of the words between brackets:

وصل الرئيس السوري إلى مطار القاهرة صباح اليوم في زيارة تستغرق ___________ (٢ يوم)، حيث كان في استقباله الرئيس المصري وعدد من كبار المسئولين المصريين. توجه __________ (الرئيس + الرئيس) بعد ذلك إلى القصر الجمهوري حيث __________ (هما + عقد) اجتماعًا هامًا __________ (هما + بحث) خلاله عددًا من القضايا ذات الاهتمام المشترك. شارك في المباحثات __________ (وزير + وزير) خارجية مصر وسوريا، بالإضافة إلى __________ (وزير + وزير) الدفاع في البلدين، والسفير السوري بالقاهرة.

الفصل الثاني عشر
الجمع

الجمع

In Arabic there are three types of plurals:

1. **جمع المذكر السالم** – the sound masculine plural – is formed by adding the suffixes [ونَ] or [ينَ] to the singular noun. [ونَ] is added if the noun is in the مرفوع case. [ينَ] is added if the noun is in the **منصوب** or **مجرور** case. Sound masculine plural nouns refer to humans only.
2. **جمع المؤنث السالم** – the sound feminine plural – is formed by adding the suffix [ات] to the singular noun. It refers to humans as well as non-humans.
3. **جمع التكسير** – the broken plural – refers to humans and non-humans.

The following table summarizes the types of plurals:

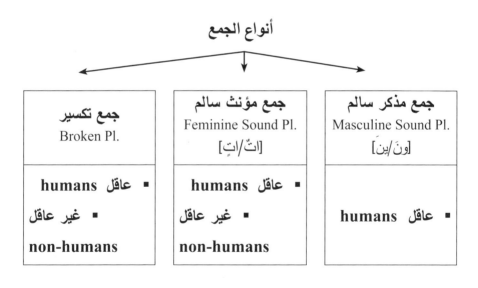

أنواع الجمع

جمع تكسير Broken Pl.	جمع مؤنث سالم Feminine Sound Pl. [اتٌ/اتٍ]	جمع مذكر سالم Masculine Sound Pl. [ونَ/ينَ]
▪ عاقل **humans** ▪ غير عاقل **non-humans**	▪ عاقل **humans** ▪ غير عاقل **non-humans**	▪ عاقل **humans**

(١) جمع المذكر السالم

جمع المذكر السالم = المفرد + ونَ/ ينَ	
جمع المذكر السالم	
المرفوع ↓	**المنصوب/ المجرور** ↓
مدرسونَ	مدرسينَ

١) حولوا الكلمة التي تحتها خط إلى الجمع وغيروا ما يلزم في الجمل:

1) Change the underlined words to the plural and make the necessary changes in the sentences:

١. قابلنا مهندسًا يعمل في الشركة.

٢. شرح المدرس هذه الفكرة.

٣. ناقش الصحفي هذه القضية في مقالته.

٤. تحدثت المديرة مع المدرس الأردني.

٥. هذا الياباني يعمل في السفارة اليابانية.

٦. هذا الموظف مشغول الآن.

٧. هذا المهندس مشهور جدًا.

٨. يعمل هذا الصحفي في جريدة الأهرام.

٩. نقل المراسل الأخبار.

١٠. المراسل نقل الأخبار.

١١. المصري يحب كرة القدم.

١٢. يحب المصري كرة القدم.

If جمع المذكر السالم is the first term in an إضافة construction, the ن of the suffix is dropped as shown in the following table:

جمع المذكر السالم المضاف - حذف النون Sound masculine nouns as first term of **إضافة** Dropping the [ن]
مُدَرِّسون + الفصل = مُدَرِّسُو الفصل (مرفوع) مُدَرِّسين + الفصل = مُدَرِّسِي الفصل (منصوب/مجرور)
مُدَرِّسون + هو = مُدَرِّسُوهُ (مرفوع) مُدَرِّسين + هو = مُدَرِّسِيهِ (منصوب/مجرور)
مُدَرِّسُون/مُدَرِّسِين + أنا = مُدَرِّسِيَّ (مرفوع/منصوب/مجرور)

٢) حولوا الكلمات التي تحتها خط إلى الجمع وغيروا ما يلزم في الجمل:

2) Change the underlined words to the plural and make the necessary changes in the sentences:

١. عقد مدير القسم اجتماعًا هامًا.

٢. اختار الطلاب مدرسهم.

٣. خرج موظف الشركة من مكتبه.

٤. كتب مراسل الجريدة مقالة هامة.

٥. ذهبنا لمقابلة مدرس اللغة العربية.

٦. هذا هو مدرسنا.

٧. صحفي الجريدة كتب مقالة هامة.

٨. يحصل مراسل هذه المجلة على مرتب كبير.

(٢) جمع المؤنث السالم

جمع المؤنث السالم = المفرد + اتٌ / اتٍ	
جمع المؤنث السالم	
المرفوع ↓	**المنصوب/ المجرور** ↓
مدرِّساتٌ	مدرِّساتٍ

٣) حولوا الكلمات التي تحتها خط من المفرد إلى الجمع وغيروا ما يلزم:

3) Change the underlined words to the plural and make the necessary changes in the sentences:

١. تحدثت المديرة مع الطالبة الجديدة.

٢. هناك طالبة فرنسية في الفصل.

٣. هل تعمل هذه الطبيبة في المستشفى؟

٤. هذه الأستاذة تدرس لنا القواعد.

٥. تحدثت المديرة مع المدرسة.

٦. هذه المدرسة أمريكية.

٧. الطالبة الإيطالية خرجت من الفصل.

٨. خرجت الطالبة الإيطالية من الفصل.

✶ The sound feminine plural exists also for some masculine words, e.g.:

مطار	←	مطارات
جواز سفر	←	جوازات سفر
واجَب	←	واجِبات

جمع غير العاقل ← يتطابق مع مفرد مؤنث

Non-human plural agrees with **feminine singular**

٤) حولوا الكلمات التي تحتها خط إلى الجمع وغيروا ما يلزم:

4) Change the underlined words to the plural and make the necessary changes in the sentences:

١. هذه القارة كبيرة.

٢. المطار مزدحم بالرُّكاب.

٣. هل شرحت المدرسة هذه الكلمة؟

٤. هذه المقالة صعبة.

٥. هذه المحطة كبيرة.

٦. هناك سيارة صغيرة في الشارع.

٧. جواز السفر على المكتب.

٨. هل كتبتم الواجب الطويل؟

٩. هذه الحجرة مريحة.

١٠. للسفارة سيارة كبيرة.

١١. أكلتُ ساندويتشًا لذيذًا.

١٢. هذه اللغة سهلة.

(٣) جمع التكسير

There are many patterns for the broken plural. Refer to appendix 5 for some of these patterns.

٥) حولوا الكلمات التي تحتها خط إلى الجمع وغيروا ما يلزم:

5) Change the underlined words to the plural and make the necessary changes in the sentences:

١.   هذا الشارع مزدحم بالسيارات.

٢.   هذا المتحف كبير جدًا.

٣.   يسكن صاحبي قريبًا من ميدان التحرير.

٤.   هذه الرسالة لكَ.

٥.   كتابي معي.

٦.   هذا هو اسم الطالب.

٧.   هل كتابكم جديد؟

٨.   هل تعرف اسم هذا الشارع؟

٩.   هذا الكتاب كبير جدًا.

١٠. هذه صورة جميلة.

١١. يدرس طالب فرنسي في هذا الفصل.

١٢. قابلنا رجلاً سوريا في الرحلة.

١٣. شاهدتُ الوزير المصري في التليفزيون.

١٤. هذا هو الطالب الأمريكي الجديد.

١٥. هذه الخريطة ليست واضحة.

١٦. شاهدتُ موقع البلد العربي على الخريطة.

٦) اكتبوا الفقرة التالية:

6) Write the following paragraph:

جامعتي

اكتبوا فقرة عن جامعتكم:

اكتبوا عن: الطلاب، الأساتذة / المدرسون / المدرسات، الموظفون، الأماكن، الكافيتريات / المطاعم، ... إلخ.

مثال: جامعتي واحدة من الجامعات الكبيرة في مدينتي ...

الفصل الثالث عشر
الاسم الموصول

 الاسم الموصول

الاسم الموصول – the relative pronoun – introduces a sentence that modifies a definite noun. **الاسم الموصول** has to agree with the noun it modifies in gender and in number. In the case of **الاسم المثنى** – the dual noun – **الاسم الموصول** agrees also in case. The following table shows **الاسم الموصول** in Arabic:

جمع		مثنى		مفرد	
مؤنث	مذكر	مؤنث	مذكر	مؤنث	مذكر
اللاتي/ اللواتي	الّذِين	اللتان (اللتَيْن)	اللذان (اللذَيْن)	الّتي	الّذي

١) أكملوا الفراغات بالاسم الموصول المناسب:

1) Fill in the blanks with the correct relative pronoun:

١. أنا _____ فهمتُ هذا الدرس.

٢. أحمد هو _____ يلعب كرة القدم.

٣. هؤلاء هم اللاعبون _____ فازوا في المباراة أمس.

٤. ليلى هي _____ شرحت الدرس.

٥. وزيرة الخارجية الألمانية هي _____ تزور مصر حاليًا.

٦. هشام وسامح هما _____ ذهبا إلى الأقصر.

٧. هؤلاء الطلاب هم _____ يكتبون كل الواجبات.

٨. الرئيس المصري والرئيس السوري هما _____ يجتمعان معا الآن.

٩. هاتان المذيعتان هما _____ تقدمان هذا البرنامج التليفزيوني.

١٠. شادي هو _____ جاء إلى الفصل في الموعد.

١١. مريم وهبة وإيمان هن __________ درسن جيدًا للامتحان.

١٢. لقي عشرة أشخاص مصرعهم في الانفجار __________ وقع أمس.

(١)

الاسم الموصول may not be followed by an adjective.

الولد **صغير**.	**الولد** في السيارة.
الولد الذي	~~هو~~ في السيارة **صغير**.

٢) اربطوا كل جملتين كما في المثال:

2) Combine into one sentence using the relative pronoun:

١. المدرِّسة مصرية. المدرسة في الفصل.

٢. الطالب ياباني. الطالب في المكتبة.

٣. الطالبة أمريكية. الطالبة اسمها سارة.

٤. الطالبتان إيطاليتان. الطالبتان مع المديرة.

٥. البنت صغيرة جدًا. البنت هناك.

٦. الموظف مشغول. الموظف يجلس في المكتب.

٧. القطتان جميلتان. القطتان في الحديقة.

٨. المطاعم نظيفة. المطاعم في الجامعة الأمريكية.

(٢)

الولد صغير.	**الولد** يلعب في الحديقة.
الولد الذي يلعب في الحديقة صغير.	

٣) اربطوا كل جملتين كما في المثال:

3) Combine into one sentence using the relative pronoun:

١. الأولاد هناك. الأولاد كسروا الشباك.

٢. هذه الطفلة جميلة. الطفلة تلعب هناك.

٣. المدرِّسة مصرية. المدرِّسة تدرِّس فصلنا.

٤. الطالبان فلسطينيان. الطالبان يسكنان في بيت الطلاب.

٥. الطالبة نرويجية. الطالبة تجلس هناك.

٦. الفيلم ممتاز. الفيلم يُعرَض في سينما مترو.

٧. الموظفون مشغولون. الموظفون يعملون في مكتب البريد.

٨. المدرستان ممتازتان. المدرستان تقفان هناك.

(٣)

The modifying sentence which follows **الاسم الموصول** must contain a pronoun which refers to the modified noun.

الولد صغير.	شاهدتُ الولد.
الولد الذي شاهدته صغير.	

٤) اربطوا كل جملتين كما في المثال:

4) Combine into one sentence using the relative pronoun:

١. القصة قصيرة. قرأنا القصة.

٢. الطلاب لطاف. تدرِّس ليلى الطلاب.

٣. الطعام ليس طازجا. يقدم هذا المطعم الطعام.

٤. المدرِّستان مصريتان. قابلتُ المدرِّستين.

٥. السيارة ليست جديدة. سوف أشتري السيارة.

٦. الزهور جميلة. اشتريتَ الزهور لي.

٧. الدرس واضح. شرحت الأستاذة الدرس.

٨. الفيلم مثير للاهتمام. شاهدتُ الفيلم.

٩. البنات لطيفات. قابلنا البنات في الحفلة.

١٠. الساندوتشان لذيذان. أكلتُ الساندوتشين.

(٤)

<u>الولد</u> <u>صغير</u>.	تكلمتُ مع الولد.
<u>الولد</u> الذي تكلمتُ معه <u>صغير</u>.	

٥) اربطوا بين كل جملتين كما في المثال:

5) Combine into one sentence using the relative pronoun:

١. الشقة صغيرة. أسكن في الشقة.

٢. الفصل كبير. ندرس في الفصل.

٣. الطالبان جديدان. تكلمتُ مع الطالبين.

٤. الجملتان صعبتان. أتكلّم عن الجملتين.

٥. السرير ليس مريحًا. نمتُ على السرير.

٦. القصة في كتاب اللغة العربية. ضحكنا على القصة.

٧. المطعم أسعاره غالية. أكلوا في المطعم.

٨. المدينة صغيرة وجميلة. سافرنا إلى المدينة.

٩. أهرامات الجيزة رائعة. سمعنا عن أهرامات الجيزة.

١٠. المدرسات مصريات. ندرس مع المدرسات المصريات.

★ If the modified noun is indefinite, **الاسم الموصول** is not used. The modifying sentence is called **جملة الصفة**.

★ اسم **معرفة** + الاسم الموصول + جملة تحتوي على عائد (جملة صلة)
★ اسم **نكرة** + ~~الاسم الموصول~~ + جملة تحتوي على عائد (جملة صفة)

٦) استعملوا الاسم الموصول المناسب إذا كان ذلك ضروريًا:

6) Use the correct relative pronoun when necessary:

١. البنك __________ في آخر الشارع صغير.

٢. كسر الطفل طبقًا __________ كان على الطاولة.

٣. هذان هما الخطابان __________ أرسلهما إبراهيم.

٤. هذه نقود __________ تركها شادي على المكتب.

٥. ذهبت مريم إلى المتحف __________ في ميدان التحرير.

٦. هل شربتِ العصير __________ كان هنا يا نادية؟

٧. قابلتُ كل أقاربي __________ كانوا في بيت جدي.

٨. الطعام __________ أكلناه لذيذ جدًا.

٩. قرأنا مقالة __________ لم نفهم أي كلمة فيها.

١٠. هل أعجبتكَ القصة __________ قرأتها يا حسام؟

١١. مشينا في شارع __________ لا نعرف اسمه.

١٢. محطة المترو __________ أمام الجامعة اسمها محطة 'السادات.'

١٣. هل القاموس __________ على الطاولة لكِ يا مريم؟

١٤. هناك طلاب في الفصل __________ لا يحضرون في الموعد أبدًا.

١٥. في الحفلة قابلتُ صديقًا __________ لم أكن قد قابلته منذ وقت طويل.

٧) حولوا الاسم الذي تحته خط إلى نكرة كما في المثال:

7) Change the underlined word to indefinite as in the example:

مثال: أعجبني **الفيلمُ الذي** شاهدته في التليفزيون.

أعجبني **فيلمٌ** شاهدته في التليفزيون.

١. تكلمتُ مع الطالبة التي اسمها نادية.

٢. هذه هي الكتب التي اشتريناها أمس.

٣. حضر الطالب الذي من كندا إلى الفصل.

٤. أكلتُ الطعام الذي كان في المطبخ.

٥. اشترينا القاموسين اللذين كانا في المكتبة.

٦. الكشري هو الطعام الذي أحبه.

٧. هل شربتم العصير الذي كان في الثلاجة؟

٨. في الإسكندرية نزلنا في الفندق الذي على الطريق الرئيسي.

٩. قابلنا في المطعم المدرسات اللاتي يدرسننا اللغة العربية.

١٠. أعجبني الفيلمان اللذان شاهدتهما هذا الأسبوع.

٨) اربطوا بين كل جملتين باستعمال الاسم الموصول **إذا كان ضروريًا:**

8) Combine into one sentence using the relative pronoun when necessary:

١. ميدان التحرير مزدحم جدًا.	ميدان التحرير يقع في وسط القاهرة.
٢. ضاع جواز سفري.	كان جواز سفري في جيبي.
٣. أسكن في شقة صغيرة.	الشقة تقع في الزمالك.
٤. الرسالة على المكتب.	الرسالة لي.
٥. هذه هي قائمة المفردات.	ذاكرتُ قائمة المفردات.

٦. هذا الرجل مجنون.	تكلمنا مع الرجل.
٧. غيرت نقودي في بنك.	البنك في آخر الشارع.
٨. البقال أسعاره رخيصة.	اشترينا الطعام من البقال.
٩. الطبيبة مشهورة.	ذهبتُ إلى الطبيبة أمس.
١٠. راسلتُ أصدقائي.	يسكن أصدقائي في الولايات المتحدة.
١١. اسم الفيلم 'هاري بوتر.'	شاهدنا الفيلم أمس.
١٢. سائق التاكسي غشّاش.	ركبتُ مع سائق التاكسي في الصباح.
١٣. أكلتُ طعاما لذيذًا.	لا أعرف اسم الطعام.
١٤. ندرس اللغة العربية.	اللغة العربية تحتاج إلى جهد كبير.

★ لا يمكن استعمال صفة في جملة الصلة، مثلاً:

فهمتُ الدرس الذي سهل. ✗

★★ ولكن يمكن أن نقول:

فهمتُ الدرس الذي هو سهل. ✓

★★★ أو أحسن:

فهمتُ الدرس السهل. ✓✓

---

٩) اربطوا بين كل جملتين باستخدام الاسم الموصول:

9) Combine into one sentence using the relative pronouns:

١. ركبتُ المترو.	المترو رخيص جدًا.
٢. أعجبتني الزهور.	الزهور حمراء.
٣. قرأنا المقالة.	المقالة طويلة.
٤. كيف سنتعامل مع هذه المشكلة؟	المشكلة صعبة.

٥. سوف نقرأ قصة لنجيب محفوظ.   نجيب محفوظ كاتب عالمي.

١٠) أكملوا الفقرة التالية:

10) Complete the following paragraph:

الجامعة الأمريكية هي الجامعة التي ...

تقع الجامعة في ... التي/الذي ...

يوجد في الجامعة ... الذي/التي ... وهناك أيضًا ... الذي/التي ...

قريب من الجامعة هناك ... و... اللذان ...

هذه الجامعة كبيرة جدًا، لذلك هناك ... الذين ...

١١) اكتبوا تعريفات لما يلي مستخدمين الاسم الموصول:

11) Write definitions for the following using relative pronouns:

مثال: المطعم ←—— المطعم هو المكان الذي يذهب إليه الناس ليأكلوا.

البواب ←—— البواب هو الشخص الذي يقوم بحراسة العمارة.

١. السينما   ٦. العطلة

٢. الباب   ٧. الجامعة

٣. البيت   ٨. الطبيب

٤. حديقة الحيوانات   ٩. الطلاب

٥. البنك   ١٠. رئيس الجمهورية

١٢) اكتبوا عن أشيائكم المفضلة مستخدمين الاسم الموصول:

12) Write about your favorite things using relative pronouns:

مثال: أحب القهوة، فهي المشروب الذي يجعلني أشعر بالانتعاش.

الفصل الرابع عشر

أسلوب الشرط

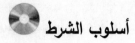

أسلوب الشرط

Arabic has three conditional particles equivalent to 'if': إذا, إنْ, and لو.

1) **إذا** must be followed by a past tense verb (**فعل الشرط**). The result clause (**جواب الشرط**), if not a past tense verb, is introduced by **فـ**. Examples:

- **إذا** زُرتَ الأقصر **شاهدتَ** آثارًا رائعة.
- **إذا** زُرتَ الأقصر فسوف **تشاهدُ** آثارًا رائعة.
- **إذا شربتَ** قهوة في المساء **فلن تستطيعَ** أنْ تنام.
- **إذا ذهبتَ** إلى خان الخليلي **فلا تنسَ** أنْ تشتريَ هدايا لأصدقائك.
- **إذا لم تفهم** درسَ القواعد **فعليك أنْ** تسألَ الأستاذة.

  عليكَ أنْ تسألَ الأستاذة **إذا لم تفهم** درس القواعد الجديد.

- **إذا نجحتَ** في هذا الامتحان **فأنتَ محظوظ** بلا شكّ.

2) إنْ is more formal than إذا. The verb that follows it (**فعل الشرط**) and the result clause (**جواب الشرط**) can be either in the past tense or present tense **مجزوم**. Examples:

- **إنْ ذهبتَ** إلى خان الخليلي **وجدتَ** كل الهدايا التي تبحث عنها.
- **إنْ تذهَبْ** إلى خان الخليلي **تجدْ** كل الهدايا التي تبحث عنها.
- **إنْ ذهبتَ** إلى خان الخليلي **فلن تجد** الهدايا التي تبحث عنها.

3) **لو** is used for impossible or contrary to fact conditions. It must be followed by a past tense verb. Its result clause is also a past tense verb introduced by **لَـ**. Examples:

- **لو كنتُ** مليونيرًا **لَسافرتُ** إلى كل بلاد العالم.
- **لو كنتُ** طفلاً **للعبتُ** بهذه الألعاب الجميلة حتى الصباح.

- **لو** لم أكُن طالبًا **لَبحثتُ** عن وظيفة.

- **لو** درستُ أكثر **لَحصلتُ** على درجة أفضل في الامتحان.

- **لو** لم أشربْ قهوة في الصباح **لَنِمتُ** في الصف.

- **لو** استمعتَ جيدًا إلى الشرح **لَما سألتَ** هذا السؤال.

- **لو** كانت القاهرة مدينة صغيرة **لما رغبتُ** في تركها للعيش في مدينة أخرى.

١) أكملوا الجمل بأدوات الشرط المناسبة:

1) Complete the following sentences with an appropriate conditional particle:

١. _____ كان هنا، لقابلته.

٢. _____ استمر الجو جميلا، فسوف نستطيع أن نسافر في نهاية الأسبوع.

٣. _____ تكُن كريمًا مع كل الناس، يكونوا كرماء معك.

٤. _____ لم تبحثا معي عن الأوراق، فهذا معناه أنكما لا تريدان مساعدتي.

٥. _____ لم يكن هذا الفصل مملاً، لحضرناه كل مرة.

٦. _____ ذهبتْ إلى شرم الشيخ، فمن الممكن أن تقابله هناك.

٧. _____ أعجبني الفيلم، لشاهدته مرة أخرى.

٨. _____ لم تساعدني، فلن أساعدك.

٩. _____ تأكل الكثير من الكشري كل يوم، تصبح سمينا.

١٠. _____ لم تفهم الدرس، فاسأل المدرسة.

٢) أكملوا الجمل الشرطية التالية:

2) Complete the following conditional particles:

١. إذا تكلَّم بسرعة ...

٢. إن نام متأخرًا ...

٣. لو كنتُ في بلدي الآن ...

٤. إذا لم يكونوا في البيت الآن ...

٥. لو غابت المدرسة اليوم ...

٦. إذا حاولتَ أن تساعدنا ...

٧. إن لم تفهم كل الدروس ...

٨. إذا استمر الجو لطيفًا مثل اليوم ...

٩. إذا لم يتصلوا بنا الآن ...

١٠. لو لم ينجح الرئيس في الانتخابات ...

١١. ... لقلت له كل شيء.

١٢. ... فمن الضروري أن تغلق كل الأبواب.

١٣. ... فهي مجنونة بالتأكيد.

١٤. ... لتغيَّر كل شيء.

١٥. ... فاشتري ما تحتاجينه بنفسك.

١٦. ... فقُل الحمد لله.

١٧. ... فلن أقول إلا ما حدث بالفعل.

١٨. ... فسوف نذهب معهم.

١٩. ... فهذه ليست كل الحقيقة.

٢٠. ... فاكتبي الواجب.

٢١. ... لما ذهبنا إلى السينما.

٢٢. ... لذهبنا إلى السينما.

٣) حولوا إلى جمل شرطية كما في المثال:

3) Form conditional sentences as in the example:

مثال: هو لا يعرف ما حدث، ولذلك لا يستطيع أن يخبرنا.

⟵ لو عرف ما حدث، لأخبرنا.

١. ليس عندنا تليفزيون ولذلك لم نشاهد الفيلم.

٢. عندها صداع شديد ولذلك لن تذهب إلى الجامعة.

٣. ليس عندي نقود كافية ولذلك لن أشترك في الرحلة.

٤. ليست لطيفة ولذلك لا يحبها أحد.

٥. عندي واجبات كثيرة ولذلك لن أذهب إلى السينما معكم.

٦. لستُ رئيس الجمهورية ولذلك لا أستطيع أن أغير أشياء كثيرة.

٧. لم أزر الشرق الأوسط ولذلك لا أعرف الكثير عن الحياة فيه.

٨. لا أشاهد نشرة الأخبار ولذلك لا أعرف ما يحدث في العالم.

٩. أنا مريضة ولذلك لن أسافر مع أسرتي.

١٠. كانت نتائج الامتحان الماضي سيئة ولذلك أعاد الأستاذ الامتحان.

٤) أجيبوا على الأسئلة التالية مستخدمين الجملة الشرطية:

4) Answer the following questions using conditional sentences:

ماذا تفعل إذا:

- تم إلغاء التليفونات المحمولة؟

- ضاع جواز سفرك؟

- ضللت الطريق في الشارع؟

- كنتَ على موعد لإجراء مقابلة شخصية للحصول على وظيفة؟

٥) اكتبوا الفقرة التالية مستخدمين الجملة الشرطية كما في المثال:

5) Write the following paragraph using conditional sentences:

اختاروا بلدا تتمنون زيارته واكتبوا عنه كما في المثال:

مثال: إذا زرتُ الهند في يوم من الأيام، فسوف ...

الفصل الخامس عشر
لا النافية للجنس

لا النافية للجنس

لا النافية للجنس , also called the **لا** of absolute negation, is used to absolutely negate a noun. The noun that is negated must be indefinite and in the **منصوب** case, but without **التنوين**, examples:

- **لا شكَّ** أن الحياة في مدنية كبيرة مثل القاهرة صعبة.
- **لا سببَ** لكل هذه المشاكل بينكم!
- ليس هناك أمل، **فلا داعيَ** للمحاولة مرة أخرى.
- **لا أحدَ** في الفصل.
- **لا بدَّ** من تناول الدواء في الموعد المحدّد.

أجيبوا على الأسئلة التالية باستعمال لا النافية للجنس:

Answer the following questions using لا النافية للجنس:

١. هل هناك شكّ في أنه مجنون؟

٢. هل هناك نقود في البيت؟

٣. هل هناك صعوبة في تعلّم اللغة العربية؟

٤. هل هناك مشاكل بينكم؟

٥. هل عندنا عطلة أخرى قريبا؟

٦. هل هناك أمل في حل هذه المشكلة؟

٧. هل عندك رغبة في السفر؟

٨. هل أمامه فرصة للعمل في مكان آخر؟

٩. هل هناك قاموس للغة العربية أحدث من قاموس هانزفير؟

١٠. هل له هدف في الحياة؟

الملاحق

ملحق ١ – بعض أفعال الوزن الأول ومصادرها

الفعل الماضي	الفعل المضارع	المصدر	وزن المصدر
حَفِظَ	يَحفَظ	حِفْظ	
ذَكَرَ	يَذكُر	ذِكْر	فِعْل
سَحَرَ	يَسحَر	سِحْر	
سَكَن	يَسْكُن	سَكَن	
طَلَب	يَطْلُب	طَلَب	فَعَل
عَمِل	يَعْمَل	عَمَل	
فَرِح	يَفْرَح	فَرَح	
ضَحِك	يَضْحَك	ضَحِك	فَعِل
لَعِب	يَلْعَب	لَعِب	

الفعل الماضي	الفعل المضارع	المصدر	وزن المصدر
شَرِبَ	يَشْرَب	شُرْب	فُعْل
شَكَر	يَشْكُر	شُكْر	
نَطَق	يَنْطِق	نُطْق	
عَرَف	يَعْرِف	مَعْرِفة	مَفْعِلة
سَلِم	يَسْلَم	سَلامة	فَعالة
شَهِد	يَشْهَد	شَهادة	
دَرَس	يَدرُس	دِراسة	فِعالة
سَبَح	يَسبَح	سِباحة	
قَرأ	يَقرأ	قِراءة	
كَتَب	يَكتُب	كِتابة	

وزن المصدر	المصدر	الفعل المضارع	الفعل الماضي
	جُلوس	يَجْلِس	جَلَس
	حُدوث	يَحدُث	حَدَث
	حُصول	يَحصُل	حَصَل
	حُضور	يَحضُر	حَضَر
	خُروج	يَخرُج	خَرج
	دُخُول	يَدخُل	دَخَل
	رُجوع	يَرجِع	رَجَعَ
	رُكوب	يَركَب	رَكِب
فُعول	سُلوك	يَسْلُك	سَلَك
	شُعور	يَشعُر	شَعَر
	عُثور	يَعْثُر	عَثَر
	نُزول	يَنزِل	نَزَل
	هُجوم	يَهْجِم	هَجَم
	هُروب	يَهْرُب	هَرَب
	وصول	يَصِل	وَصَل
	وضوح	يَضِح	وَضَح
	وقوف	يَقِف	وَقَف

الفعل الماضي	الفعل المضارع	المصدر	وزن المصدر
سأل	يَسْأل	سُؤال	فُعال
حَسِب	يَحسِب	حِساب	فِعال
خَطَب	يَخطُب	خِطاب	
سَمَح	يَسمَح	سَماح	فَعال
سَمِع	يَسمَع	سَماع	
ذَهَب	يَذهَب	ذَهاب	

ملحق ٢ – الأسماء المُعرَبة التي يتناولها الكتاب

الأسماء المرفوعة	الأسماء المنصوبة	الأسماء المجرورة
١. **المبتدأ والخبر** في الجملة الاسمية **مثال: البيتُ كبيرٌ** جدًا.	١. **المفعول به** **مثال:** قرأ الطلاب **الدرسَ** جيدًا.	١. **الاسم المسبوق بحرف الجر أو الظرف** **مثال:** ذهبتُ إلى **الجامعةِ** متأخرًا.
٢. **الفاعل** في الجملة الفعلية **مثال:** فهم **الطلابُ** كل الدرس.	٢. **خبر كان وأخواتها** **مثال:** كان الجوُّ **حارًا**.	٢. **المضاف إليه** **مثال:** أسكنُ في بيتِ **الطلابِ**.
٣. **الصفة** للاسم المرفوع **مثال:** السيارةُ **الجديدةُ** أمام البيت.	٣. **اسم إنّ وأخواتها** **مثال:** إنّ **الطعامَ** المصريَّ لذيذٌ.	٣. **الصفة** للاسم المجرور **مثال:** تناولنا العشاء في مطعمٍ **جديدٍ**.
٤. **نائب الفاعل** **مثال:** سُرِقَ **البنكُ** ليلة أمس.	٤. **الصفة** للاسم المنصوب **مثال:** اشتريتُ كتابًا **جديدًا** أمس.	
	٥. **المفعول المطلق** **مثال:** نمتُ أمس **نومًا** عميقـًا.	

الأسماء المرفوعة	الأسماء المنصوبة	الأسماء المجرورة
	٦. **المفعول لأجله** **مثال:** ألبس ملابس ثقيلة **خوفًا** من البرد.	
	٧. **التمييز** **مثال:** القاهرة أكثر **ازدحامًا** من الإسكندرية.	
	٨. **الحال** **مثال:** دخل الطالب الفصل **سعيدًا**.	

ملحق ٣ – أنواع الأفعال في اللغة العربية

لاحظوا:

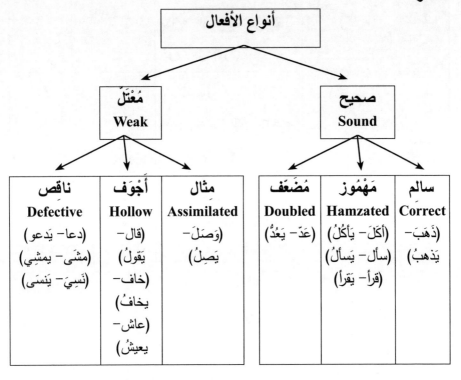

	صحيح Sound			مُعْتَل Weak	
سالم Correct	مَهْمُوز Hamzated	مُضَعّف Doubled	مثال Assimilated	أَجْوَف Hollow	ناقِص Defective
(ذَهَبَ– يَذهبُ)	(أَكَلَ– يَأْكُلُ) (سأل– يَسألُ) (قرأ– يَقرأ)	(عَدّ– يَعُدُ)	(وَصَلَ– يَصِلُ)	(قال– يَقولُ) (خاف– يخافُ) (عاش– يعيشُ)	(دعا– يَدعو) (مشَى– يمشِي) (نَسِيَ– يَنسَى)

ملحق ٤ – أوزان الأفعال ومصادرها في اللغة العربية الفصحى المعاصرة

	رقم الوزن	الماضي	المضارع	المصدر	مثال	المصدر
الجذر الثلاثي Trilateral root	Form I	فَعَلَ	يَفْعَلُ	ليس هناك قاعدة There is no rule for deriving the verbal noun.	ذَهَبَ – يَذْهَبُ بَحَثَ – يَبْحَثُ	ذَهاب بَحْث
			يَفْعُلُ		أَكَلَ – يَأْكُلُ دَخَلَ – يَدْخُلُ	أَكْل دُخُول
			يَفْعِلُ		ضَرَبَ – يَضْرِبُ خَدَمَ – يَخْدِمُ	ضَرْب خِدْمة
		فَعِلَ	يَفْعَلُ		شَرِبَ– يَشْرَبُ عَمِلَ – يَعْمَلُ	شُرْب عَمَل
		فَعُلَ	يَفْعُلُ		كَبُرَ – يَكْبُرُ	كِبَر
	Form II	فَعَّلَ	يُفَعِّلُ	تَفْعيل	دَرَّسَ – يُدَرِّسُ	تدريس
	Form III	فاعَلَ	يُفاعِلُ	مُفاعَلة فِعال	عاوَنَ – يُعاوِنُ قاتَلَ – يُقاتِلُ	مُعاوَنة قِتال
	Form IV	أَفْعَلَ	يُفْعِلُ	إفعال	أَكْمَلَ - يُكْمِلُ	إكمال
	Form V	تَفَعَّلَ	يَتَفَعَّلُ	تَفَعُّل	تَأَثَّرَ - يَتَأَثَّرُ	تأثُّر
	Form VI	تفاعَلَ	يَتَفاعَلُ	تفاعُل	تعاوَنَ - يَتَعاوَنُ	تعاوُن

اِنْكِسار	اِنْكَسَرَ – يَنْكَسِرُ	اِنْفِعال	يَنْفَعِلُ	اِنْفَعَلَ	Form VII	
اِسْتِماع	اِسْتَمَعَ – يَسْتَمِعُ	اِفْتِعال	يَفْتَعِلُ	اِفْتَعَلَ	Form VIII	
اِخْضِرار	اَخْضَرَّ – يَخْضَرُّ	اِفْعِلال	يَفْعَلُّ	اِفْعَلَّ	Form IX	
اِسْتِخْدام	اِسْتَخْدَمَ – يَسْتَخْدِمُ	اِسْتِفْعال	يَسْتَفْعِلُ	اِسْتَفْعَلَ	Form X	
تَرْجَمة	تَرْجَمَ – يُتَرْجِمُ	فَعْلَلَة	يُفَعْلَلَ	فَعْلَلَ	QI	**الجذر الرباعي** Quadri-lateral root
تَدَهْوُر	تَدَهْوَرَ – يَتَدَهْوَرُ	تَفَعْلُل	يَتَفَعْلَلَ	تَفَعْلَلَ	QII	

ملحق ٥ - بعض جموع التكسير وأوزانـها

Following are some broken plural patterns:

الوزن	الجمع	المفرد
فُعُل	كُتُب	كِتاب
	نُظُم	نِظام
	صُحُف	صَحيفة
	مُدُن	مَدينة
مَفاعِل	مَتاحِف	مَتحف
	مَكاتِب	مكتب
	مَواقع	مَوقع
فَواعِل	شَوارِع	شارِع
	طَوابِع	طابع
فَعائل	رَسائل	رِسالة
	خَرائط	خَريطة
	قَوائم	قائمة
فُعول	صُفوف	صَفّ
	فُصول	فَصْل
	بُيوت	بَيْت

المفرد	الجمع	الوزن
طبيب	أَطِبّاء	أفعِلاء
صديق	أصدِقاء	
وزير	وُزَراء	فُعَلاء
أمير	أُمراء	
رئيس	رؤساء	
جُملة	جُمَل	فُعَل
صورة	صُوَر	
غُرفة	غُرَف	
ضابِط	ضُبّاط	فُعَّال
طالِب	طُلاّب	
كاتِب	كُتّاب	
طِفْل	أَطْفال	أفْعال
وَلَد	أوْلاد	
هَرَم	أهْرام	
صاحِب	أَصْحاب	
قَلَم	أقْلام	
سَبَب	أسْباب	

المفرد	الجمع	الوزن
اسم	أَسْماء	فَعْلاء
ابن	أبناء	
رَجُل	رِجال	فِعال
بَلَد	بِلاد	

ملحق ٦ – معاني الكلمات في بعض التدريبات

إنّ وأخواتها: تدريب ٧

An explosion	اِنفِجار
To arrest	ألقى القبض على ..
The suspect	المُشتَبَه فيه
Interrogation	استِجواب
An inspector	مُحَقِّق
To hold	أمسَك – يُمسِك IV

الاسم المعرب والاسم المبني: تدريب ١

Area, district	مِنطقة
To extend, stretch	تمتَدّ
The countryside	الريف
Electricity	الكهرباء
A building	عمارة
A district	حَيّ
To inherit	وَرَثَ
God bless her soul	رحِمَها الله
Relatives	أقارِب

Neighbors	جِيران
Old	قُدامَى (م. قَديم)

الاسم المعرب والاسم المبني: تدريب ٣

To receive	تَلَقَّى
To deliver	سَلَّم
To announce	صَرّح
Bilateral relations	العلاقات الثنائية
Developments	التطوّرات
A part	جزء
Tourists	السُيّاح
A governorate	مُحافَظة
North Sinai	شَمال سَيناء
Gulf of Aqaba	خليج العَقَبة
Area	مِساحة

الفعل الماضي الأجوف: تدريب ٢

To drive a car	قاد – يقود سيارة
Tired	مُتعَب

To the extent that	لدرجة أنّ
To wake up	أفاق IV
Hospitals - sing. hospital	مُستَشفَيات – م. مُستَشفَى
An accident	حادِث
Alive	حَيّ
To call	اتَّصَل بـ
Ambulance	الإسعاف
A nurse	مُمَرِّضة
Mobile phone	الهاتِف المَحمول
A bag	حَقيبة
To disappear	اِختَفَى VIII
To get s.th. back	استعاد X

الفعل الماضي – الناقص: تدريب ٢

An oasis	واحة
Siwa Oasis	واحة سِيوة
Sights	مَزارات
Tour guide	مُرشِد سياحيّ
To find out	اكتشف VIII

المشتقات من الأسماء – اسم الفاعل واسم المفعول:تدريب ٤

The inspector	المُحَقِّق
Building roof	السُّطوح
To become dark	أظلَم
To close	أغلق
The owners of the apartment	أصحاب الشقة
The desk drawers	أدراج (م. دُرج) المكتب
To steal s.th.	سَرَق
Gold	الذهب

المنصوبات – المفعول المطلق: تدريب ٤

Noticeable	مَلحوظ
Clear	واضِح
Tangible	مَلموس
Considerable	بالِغ
Simple	بَسيط
Magnificent	رائع
Slight	طفيف
Direct	مُباشِر

Fundamental	جِذريّ
Achievements	إنجازات
To decrease	انخفض VII
To increase	ارتَفَع VIII
Traffic	المُرور
An exception	استِثناء
Culture	الثقافة
The budget	الميزانية
Allocated to	مُخصَّصة
To affect	أثَّر على II
Activities	أنشِطة
Antiquities	الآثار
Discoveries	اكتِشافات